KOMPAKT-WISSEN
MATHEMATIK

Alfred Müller
Grundwissen Mathematik
Algebra · Stochastik · Geometrie

Bildnachweis
Umschlag: © Dmitryyakunin / Dreamstime.com
Seite 1: © Les Cunliffe / Dreamstime.com
Seite 81: © Vladyslav Danilin / Dreamstime.com
Seite 95: © artSILENSEcom – Fotolia.com

ISBN 978-3-86668-279-5

© 2010 by Stark Verlagsgesellschaft mbH & Co. KG
www.stark-verlag.de

Das Werk und alle seine Bestandteile sind urheberrechtlich geschützt. Jede vollständige oder teilweise Vervielfältigung, Verbreitung und Veröffentlichung bedarf der ausdrücklichen Genehmigung des Verlages.

Inhalt

Vorwort

Algebra   1

1 Zahlenmengen und Rechenregeln 3
1.1 Zahlenmengen 3
1.2 Die vier Grundrechenarten 6
1.3 Teiler und Teilbarkeit 11
1.4 Brucharten und Rechnen mit Brüchen 13
1.5 Prozent- und Zinsrechnung 19
1.6 Potenz und Wurzel 21
1.7 Runden und Überschlagen 26
1.8 Größen und ihre Einheiten 27
1.9 Sachaufgaben 30

2 Rechnen mit Variablen 31
2.1 Variablen 31
2.2 Äquivalenzumformungen von Termen 31
2.3 Definition von (Un-)Gleichungen 36
2.4 Äquivalenzumformungen bei Gleichungen und Ungleichungen 37
2.5 Lineare Gleichungen und Ungleichungen 39
2.6 Lineare Gleichungssysteme 39
2.7 Bruchgleichungen 42
2.8 Betragsgleichungen 44
2.9 Wurzelgleichungen 44
2.10 Quadratische Gleichungen 45
2.11 Logarithmus und Exponentialgleichung 48

3 Funktionen 50
3.1 Definition der Funktion 50
3.2 Direkte und indirekte Proportionalität 51
3.3 Lineare Funktionen 53
3.4 Elementare gebrochen-rationale Funktionen 59
3.5 Quadratische Funktionen und Parabeln 61
3.6 Exponentialfunktion 68
3.7 Lineares und exponentielles Wachstum 70
3.8 Ganzrationale Funktionen 75

Stochastik 81

4 Einfache Zufallsexperimente 83
4.1 Ergebnis- und Ereignismenge 83
4.2 Absolute und relative Häufigkeit 85
4.3 Wahrscheinlichkeit 88
4.4 Laplace-Experimente 89

5 Zusammengesetzte Zufallsexperimente 90
5.1 Baumdiagramm und Zählprinzip 90
5.2 Pfadregeln 92
5.3 Bedingte Wahrscheinlichkeit 94

Geometrie 95

6 Ebene Geometrie 97
6.1 Grundbegriffe 97
6.2 Winkelgrößen und Winkelgesetze 99
6.3 Achsen- und Punktsymmetrie 101
6.4 Kongruenz von Figuren 107
6.5 Dreiecke und Dreieckskonstruktionen 108
6.6 Vierecke und Viereckskonstruktionen 113

6.7	Kreise und Konstruktion von Tangenten	116
6.8	Flächeninhalt und Umfang	118
6.9	Strahlensatz und ähnliche Dreiecke	123
6.10	Satzgruppe des Pythagoras	126

7 Räumliche Geometrie 129

7.1	Quader und Würfel	129
7.2	Gerades Prisma	132
7.3	Gerader Kreiszylinder	134
7.4	Pyramide	135
7.5	Gerader Kreiskegel	138
7.6	Kugel	140

8 Trigonometrie 142

8.1	sin, cos und tan im rechtwinkligen Dreieck	142
8.2	sin, cos und tan im Einheitskreis	144
8.3	Polarkoordinaten	146
8.4	sin, cos und tan im allgemeinen Dreieck	147
8.5	sin und cos als Funktion	149

Stichwortverzeichnis 153

Autor: Alfred Müller

Vorwort

Liebe Schülerinnen und Schüler,

dieses Buch bietet eine knappe und dabei ausreichende Zusammenstellung der mathematischen Inhalte der **Unter- und Mittelstufe in Bayern** und gliedert sich in die drei Bereiche **Algebra, Stochastik** und **Geometrie**. Wichtige Begriffe und Definitionen stehen dir schnell und übersichtlich zur Verfügung, weshalb sich das Buch sowohl für deinen Schulalltag als auch zur effektiven Vorbereitung auf Schulaufgaben eignet.

- Wichtige **Definitionen, Rechenregeln** und **Sätze** sind deutlich hervorgehoben.
- **Konstruktionen** werden anschaulich Schritt für Schritt beschrieben.
- Charakteristische **Beispiele** verdeutlichen die jeweiligen Stoffinhalte.
- Das ausführliche **Stichwortverzeichnis** führt schnell und treffsicher zum jeweils gesuchten Begriff.

Der gesamte Unterrichtsstoff in diesem Buch ist nach dem bayerischen **G8-Lehrplan** ausgerichtet und gilt als **Grundlage** für die Mathematik in der Oberstufe.

Ich wünsche dir viel Erfolg bei deinen weiteren Prüfungen.

Alfred Müller

Algebra

1 Zahlenmengen und Rechenregeln

Die Grundlage jeglicher Mathematik ist das Rechnen mit Zahlen, wobei die Rechnungen bestimmten Regeln folgen müssen, damit gleiche Rechnungen auf gleiche Ergebnisse führen.

1.1 Zahlenmengen

Zahlen werden in der Mathematik unterschiedlich gebraucht und benannt. Sie werden zum Zählen und Anordnen verwendet, können positiv oder negativ sein, als Brüche oder Dezimalzahlen geschrieben werden usw.

> **Natürliche Zahlen**
> Die natürlichen Zahlen (einschließlich der Zahl 0) bilden die Menge $\mathbb{N}_0 = \{0, 1, 2, 3, ...\}$. Es gilt: $\mathbb{N} = \mathbb{N}_0 \setminus \{0\}$.

Man kann sie am **Zahlenstrahl** darstellen.

Beispiel

Um nicht unendlich viele Zahlwörter und Zahlzeichen einführen zu müssen, haben die alten Inder die **Stellenschreibweise** eingeführt, d. h., eine Ziffer hat in einem solchen **Stellenwertsystem** unterschiedliche Werte, je nachdem an welcher Stelle sie in der Zahl steht und zu welcher Stufenzahl (Potenzen einer natürlichen Zahl größer 1) sie gehört.

Das in der Schule übliche Stellenwertsystem ist das **Zehnersystem** oder **Dezimalsystem**. Es hat die zehn Ziffern 0, 1, ..., 9 und die Stufenzahlen $1 = 10^0$, $10 = 10^1$, $100 = 10^2$, $1\,000 = 10^3$ ...

Beispielsweise bedeuten die Ziffern in 8 282:
$8 \cdot 1\,000 + 2 \cdot 100 + 8 \cdot 10 + 2 \cdot 1$

Beispiel

> **Ganze Zahlen**
> Die Menge ℤ der ganzen Zahlen ist die Vereinigung der Menge der natürlichen Zahlen mit der Menge ihrer **Gegenzahlen** (negative ganze Zahlen).

Sie können auf der **Zahlengeraden** dargestellt werden.

Beispiel

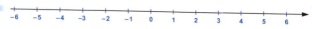

> **Bruchzahlen/gemeine Brüche**
> Die Menge $\mathbb{Q}_0^+$ der Bruchzahlen enthält alle
> - Brüche der Form $\frac{p}{q}$, wobei p und q ≠ 0 natürliche Zahlen sind, z. B. $\frac{3}{7}$,
> - **endlichen Dezimalbrüche**, z. B. $0,4 = \frac{2}{5}$,
> - **periodischen Dezimalbrüche**, z. B. $0,\overline{3} = \frac{1}{3}$.

Sie können auf dem Zahlenstrahl dargestellt werden.

Beispiel

> **Rationale Zahlen**
> Die Menge ℚ der rationalen Zahlen ist die Vereinigung der Bruchzahlen mit der Menge der (negativen) Gegenzahlen der Bruchzahlen.

Sie können auf der Zahlengeraden dargestellt werden.

Beispiel

Reelle Zahlen

Die Menge $\mathbb{R}$ der reellen Zahlen enthält alle endlichen und alle unendlichen Dezimalbrüche. Sie ist die Vereinigung der Menge $\mathbb{Q}$ der rationalen Zahlen mit der Menge der **irrationalen** Zahlen, wobei die irrationalen Zahlen unendliche, nichtperiodische Dezimalbrüche sind.

Die reellen Zahlen füllen die Zahlengerade vollständig aus.

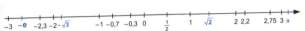

Beispiel

Für die Zahlenmengen gilt die Beziehung:
$\mathbb{N} \subset \mathbb{Z} \subset \mathbb{Q} \subset \mathbb{R}$
Sie ist im rechts stehenden Mengendiagramm veranschaulicht.

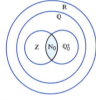

Bestimmte Teilmengen der reellen Zahlen lassen sich mithilfe von Intervallen schreiben.

Intervallschreibweise
- **abgeschlossenes** Intervall: $[a; b] = \{x \in \mathbb{R} \mid a \leq x \leq b\}$
- **offenes** Intervall: $]a; b[= \{x \in \mathbb{R} \mid a < x < b\}$
- **halboffenes** Intervall: $[a; b[= \{x \in \mathbb{R} \mid a \leq x < b\}$
  $]a; b] = \{x \in \mathbb{R} \mid a < x \leq b\}$
- **unendliches** Intervall: $]-\infty; \infty[= \mathbb{R}$
  $[a; \infty[= \{x \in \mathbb{R} \mid a \leq x < \infty\}$
  $]-\infty; b] = \{x \in \mathbb{R} \mid -\infty < x \leq b\}$

Beispiel

1. $[4; 8] = \{x \in \mathbb{R} \mid 4 \leq x \leq 8\}$
2. $]-\infty; -13] = \{x \in \mathbb{R} \mid -\infty < x \leq -13\}$
3. $[-15; 210[= \{x \in \mathbb{R} \mid -15 \leq x < 210\}$

1.2 Die vier Grundrechenarten

Zwischen den Zahlen aus den bisher definierten Zahlenmengen werden die Verknüpfungen Addition „+", Subtraktion „–", Multiplikation „·" und Division „:" definiert. Viele mathematische Probleme sind auf diese Grundrechenarten zurückführbar. Einfache Rechenbeispiele sind im Kopf lösbar. Besondere Rechenregeln werden hervorgehoben.

Addition
Die Verknüpfung, bei der zwei Zahlen durch das Pluszeichen verbunden werden, heißt Addition.

$$\underbrace{\underbrace{a}_{\text{1. Summand}} \underset{\text{plus}}{+} \underbrace{b}_{\text{2. Summand}}}_{\textbf{Summe}} = \underbrace{s}_{\text{Wert der Summe}}$$

Die Addition ist in allen Zahlbereichen uneingeschränkt und eindeutig ausführbar.

Rechengesetze für die Addition
Für beliebige Zahlen a, b, c gelten
- **Kommutativgesetz:** $a + b = b + a$
- **Assoziativgesetz:** $(a + b) + c = a + (b + c)$
- **neutrales** Element 0: $a + 0 = 0 + a = a$

Beispiel

1. $5 + \frac{1}{2} = \frac{1}{2} + 5 = 5\frac{1}{2}$

2. $(-7 + 5) + 0 = -2 + 0 = -2$
   $-7 + (5 + 0) = -7 + 5 = -2$

3. $5 = 1 + 1 + 1 + 1 + 1$
   $ = 1 + 1 + 1 + 2 = 1 + 1 + 2 + 1 = 1 + 2 + 1 + 1 = 2 + 1 + 1 + 1$
   $ = 1 + 1 + 3 = 1 + 3 + 1 = 3 + 1 + 1$
   $ = 1 + 4 = 4 + 1$
   $ = 2 + 3 = 3 + 2$

> **Subtraktion**
> Die Subtraktion, d. h. die Rechenart, bei der zwei Zahlen durch ein Minuszeichen verknüpft sind, ist die Umkehrung der Addition.
>
> $\underbrace{\underbrace{a}_{\text{Minuend}} \underbrace{-}_{\text{minus}} \underbrace{b}_{\text{Subtrahend}}}_{\text{Differenz}} = \underbrace{d}_{\text{Wert der Differenz}}$

Die Subtraktion ist nicht in allen Zahlbereichen uneingeschränkt ausführbar. Falls sie jedoch ausgeführt werden kann, ist sie eindeutig.

Für jede Zahl a gilt:
$-a$ ist das **inverse Element** zur Zahl a, also $a - a = 0$.

Der Zusammenhang zwischen Addition und Subtraktion ergibt sich aus folgenden Beziehungen:

$a + b = c \Rightarrow \begin{cases} a = c - b \\ b = c - a \end{cases} \qquad a - b = c \Rightarrow \begin{cases} a = c + b \\ b = a - c \end{cases}$

Beispiel

1. $6 - \frac{1}{3} = 5\frac{2}{3}$

2. $18 - 18 = 0$

> **Multiplikation**
> Die Verknüpfung, bei der zwei Zahlen durch den Malpunkt miteinander verbunden werden, heißt Multiplikation.
>
> $\underbrace{\underbrace{a}_{\substack{\text{1. Faktor} \\ \text{Multiplikand}}} \underbrace{\cdot}_{\text{mal}} \underbrace{b}_{\substack{\text{2. Faktor} \\ \text{Multiplikator}}}}_{\text{Produkt}} = \underbrace{p}_{\text{Wert des Produktes}}$

Die Multiplikation ist in allen Zahlbereichen uneingeschränkt und eindeutig ausführbar.

Zahlenmengen und Rechenregeln

> **Rechengesetze für die Multiplikation**
> Für beliebige Zahlen a, b, c gelten
> - **Kommutativgesetz:** $a \cdot b = b \cdot a$
> - **Assoziativgesetz:** $(a \cdot b) \cdot c = a \cdot (b \cdot c)$
> - **neutrales** Element 1: $1 \cdot a = a \cdot 1 = a$
>
> Für jede Zahl a gilt: $a \cdot 0 = 0 \cdot a = 0$

Ein Produkt hat genau dann den Wert 0, wenn mindestens einer der Faktoren 0 ist.

Beispiel

1. $(-4) \cdot 3 = 3 \cdot (-4) = -12$

2. $\left(\frac{1}{8} \cdot 8\right) \cdot 1 = 1 \cdot 1 = 1$

   $\frac{1}{8} \cdot (8 \cdot 1) = \frac{1}{8} \cdot 8 = 1$

> **Division**
> Die Division, d. h. die Rechenart, bei der zwei Zahlen durch das Teilungszeichen verknüpft werden, ist die Umkehrung der Multiplikation.
>
> $\underbrace{\underbrace{a}_{\text{Dividend}} \underbrace{:}_{\text{geteilt durch}} \underbrace{b}_{\text{Divisor}}}_{\text{Quotient}} = \underbrace{q}_{\text{Wert des Quotienten}}$

Die Division ist nicht in allen Zahlbereichen uneingeschränkt ausführbar. Falls sie jedoch ausgeführt werden kann, ist sie eindeutig.

Die **Division durch Null** ist nicht erlaubt, da in diesen Fällen der Wert des Quotienten nicht existiert.

Für jede Zahl a gilt: $\quad a : 1 = a$

Für jede Zahl $a \neq 0$ gilt: a) $a : a = 1$

b) $0 : a = 0$

c) $\frac{1}{a}$ ist das **inverse Element** zur Zahl a.

Der Zusammenhang zwischen Multiplikation und Division ergibt sich aus folgenden Beziehungen:

$a \cdot b = c \Rightarrow \begin{cases} a = c : b \\ b = c : a \end{cases}$
$\qquad a : b = c \Rightarrow \begin{cases} a = c \cdot b \\ b = a : c \end{cases}$

Beispiel

1. $11 : 11 = 1$

2. $(-120) : 1 = -120$

Bei den Grundrechenarten Multiplikation und Division gelten folgende **Vorzeichenregeln:**
- „+" und „+" gleich „+"
  „–" und „–" gleich „+" $\Big\}$ zwei gleiche Vorzeichen: „+"
- „+" und „–" gleich „–"
  „–" und „+" gleich „–" $\Big\}$ zwei ungleiche Vorzeichen: „–"

Beispiel

1. $(-0,8) \cdot (+0,2) = -0,8 \cdot 0,2 = -0,16$

2. $(-8) : \left(-\frac{1}{2}\right) = 8 : \frac{1}{2} = 8 \cdot 2 = 16$

Die vier Grundrechenarten können auch miteinander verbunden werden. Treten in einer Aufgabe Strichrechnungen (Addition, Subtraktion) sowie Punktrechnungen (Multiplikation, Division) auf, so wird vereinbart, dass **Punktrechnungen vor Strichrechnungen** ausgeführt werden.

> In Verbindung mit der Vereinbarung über das Rechnen mit Klammern gilt für die **Reihenfolge der Rechenschritte:**
> 1. Was in Klammern steht, wird zuerst berechnet. Bei ineinander geschachtelten Klammern wird die innerste Klammer zuerst berechnet.
> 2. Punktrechnungen werden vor Strichrechnungen ausgeführt.
> 3. Was gerade nicht berechnet wird, wird unverändert abgeschrieben.

Zahlenmengen und Rechenregeln

Die folgenden Gesetze zeigen, wie Addition (Subtraktion) und Multiplikation (Division) miteinander verbunden werden:

Distributivgesetze
Für alle a, b, c gilt:
$a \cdot (b+c) = a \cdot b + a \cdot c = ab + ac = (b+c) \cdot a$
$a \cdot (b-c) = a \cdot b - a \cdot c = ab - ac = (b-c) \cdot a$
$(a+b) : c = a : c + b : c, \; c \neq 0$
$(a-b) : c = a : c - b : c, \; c \neq 0$

Beispiel
$$[90 - (8+12) : 4] : 5 + \tfrac{1}{5} = [90 - 20 : 4] : 5 + \tfrac{1}{5}$$
$$= [90 - 5] : 5 + \tfrac{1}{5} = 85 : 5 + \tfrac{1}{5}$$
$$= 17 + \tfrac{1}{5} = 17\tfrac{1}{5}$$

Kommt es bei der Darstellung einer reellen Zahl nur auf ihre Länge auf der Zahlengeraden oder ihren Abstand von der Zahl 0 an, so spricht man vom Betrag einer Zahl.

Betrag
Der **Betrag** $|a|$ einer reellen Zahl a ist wie folgt definiert:
$$|a| = \begin{cases} a, & \text{falls } a \geq 0 \\ -a, & \text{falls } a < 0 \end{cases}$$
D. h., für jede Zahl a gilt: $|a| \geq 0$

Beispiel $|80| = 80, \; |-4| = 4$

Der Betrag einer reellen Zahl gibt ihren Abstand von der Zahl 0 auf der Zahlengeraden an.

Beispiel
$|a| = 2 \;\Rightarrow\; a = 2 \text{ oder } a = -2$
$|a| < 2 \;\Rightarrow\; -2 < a < 2$
$|a| > 2 \;\Rightarrow\; a < -2 \text{ oder } a > 2$

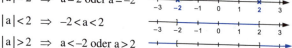

1.3 Teiler und Teilbarkeit

Wenn die Division natürlicher Zahlen „aufgeht", dann führt man die Begriffe Teiler und Teilbarkeit ein.

> **Teiler**
> Die Zahl a ist ein **Teiler** der Zahl b (mathematische Schreibweise: $a\,|\,b$), wenn b ein Vielfaches von a ist, d. h., wenn $b = n \cdot a$ für ein passendes $n \in \mathbb{N}$ ist.

Beispiel

1. $2\,|\,12$, weil $12 = 6 \cdot 2$ gilt.
2. $3\,|\,21$, weil $21 = 7 \cdot 3$ gilt.
3. $11\,|\,55$, weil $55 = 5 \cdot 11$ gilt.

> **Teilbarkeitsregeln**
> - Jede Zahl ist durch sich selbst und durch 1 teilbar: $a\,|\,a$ und $1\,|\,a$
> - Teilt eine Zahl a die Zahlen b und c, so teilt sie auch deren Summe: $a\,|\,b$ und $a\,|\,c \;\Rightarrow\; a\,|\,b+c$
> - Teilt eine Zahl a zumindest eine der Zahlen b und c, so teilt sie auch deren Produkt: $a\,|\,b$ oder $a\,|\,c \;\Rightarrow\; a\,|\,b \cdot c$

Beispiel

1. $2\,|\,6$ und $2\,|\,8 \;\Rightarrow\; 2\,|\,14$
2. $3\,|\,6$ und $3\nmid 7 \;\Rightarrow\; 3\,|\,42$

Merkregeln zur Teilbarkeit sind wichtig, um Teiler schnell zu erkennen. Insbesondere für bestimmte natürliche Zahlen gibt es einfache Kennzeichen der Teilbarkeit.
Eine Zahl ist durch
- 2 teilbar, wenn sie gerade ist, d. h., wenn sie auf 0, 2, 4, 6 oder 8 endet.
- 3 teilbar, wenn ihre Quersumme (d. h. die Summe ihrer Ziffern) durch 3 teilbar ist.

- 4 teilbar, wenn ihre letzten beiden Ziffern Nullen sind oder eine durch 4 teilbare Zahl bilden.
- 5 teilbar, wenn sie auf 0 oder 5 endet.
- 8 teilbar, wenn ihre letzten drei Ziffern Nullen sind oder eine durch 8 teilbare Zahl bilden.
- 9 teilbar, wenn ihre Quersumme durch 9 teilbar ist.
- 25 teilbar, wenn sie auf 00, 25, 50 oder 75 endet.
- eine Stufenzahl (10, 100, usw.) teilbar, wenn sie mindestens so viele Endnullen besitzt wie die Stufenzahl.

Die Teilbarkeitsregeln werden oft gebraucht und führen auf neue Begrifflichkeiten.

> **Primzahl**
> Eine natürliche Zahl größer als 1, die nur durch 1 oder sich selbst teilbar ist, heißt **Primzahl**, z. B. sind 2 (einzige gerade Primzahl!), 3, 5, 7, 11, 13, 17, ... Primzahlen.
> Jede beliebige natürliche Zahl lässt sich eindeutig in ein Produkt von Primzahlen zerlegen (**Primfaktorzerlegung**).

Beispiel $28 = 2 \cdot 2 \cdot 7$, $125 = 5 \cdot 5 \cdot 5$

> **kgV**
> Das **kleinste gemeinsame Vielfache (kgV)** gegebener natürlicher Zahlen (ungleich 0) ist die kleinste von 0 verschiedene Zahl, die durch jede der gegebenen Zahlen teilbar ist. Das kgV ist das Produkt aller vorkommenden Primfaktoren, wobei mehrfach auftretende Primfaktoren mit ihrer längsten Kette gezählt werden.
>
> **ggT**
> Der **größte gemeinsame Teiler (ggT)** gegebener natürlicher Zahlen (ungleich 0) ist die größte Zahl, die alle gegebenen Zahlen teilt. Der ggT ist das Produkt aller gemeinsamen Primfaktoren, wobei mehrfach auftretende gemeinsame Primfaktoren auch mehrfach gezählt werden.

Für zwei natürliche Zahlen a, b ∈ ℕ gilt:
ggT(a; b) · kgV(a; b) = a · b
Zwei Zahlen a, b ∈ ℕ heißen **teilerfremd**, wenn gilt:
ggT(a; b) = 1

Beispiel

$kgV(48; 72) = 2 \cdot 2 \cdot 2 \cdot 2 \cdot 3 \cdot 3 = 144$
$ggT(48; 72) = 2 \cdot 2 \cdot 2 \quad \cdot 3 \quad = 24$
$kgV(48; 72) \cdot ggT(48; 72) = 144 \cdot 24 = 3\,456 = 48 \cdot 72$

1.4 Brucharten und Rechnen mit Brüchen

Bruchzahlen werden nach Größe und Schreibweise bezeichnet.

> **Bruchzahl**
> Ein Ausdruck $\frac{a}{b}$, a ∈ ℕ$_0$, b ∈ ℕ heißt **Bruchzahl** oder
> **gemeiner Bruch** mit dem **Zähler** a und dem **Nenner** b.

Der Nenner gibt an, in wie viele Teile ein Ganzes geteilt wird.
Der Zähler gibt an, wie viele solche Teile für den Bruch gezählt werden.
Es gilt zudem: $a : b = \frac{a}{b}$ für alle a, b ∈ ℕ$_0$ und b ≠ 0, z. B. ist
$7 : 5 = \frac{7}{5}$. Jeder gemeine Bruch kann daher auch als **Verhältnis**
gedeutet werden. Weitere Brucharten:

- $\frac{a}{b}$ mit a < b heißt **echter** Bruch, wie z. B. $\frac{3}{4}; \frac{1}{5}; \frac{6}{7}$.
- $\frac{a}{b}$ mit a ≥ b heißt **unechter** Bruch, wie z. B. $\frac{7}{4}; \frac{8}{2}; \frac{5}{3}$.
- Jeder unechte Bruch lässt sich als **gemischte Zahl** schreiben,
  z. B. $\frac{13}{5} = 2\frac{3}{5}$.
- $\frac{a}{b}$ mit a = 1 und b ∈ ℕ heißt **Stammbruch**, z. B. $\frac{1}{2}; \frac{1}{3}; \frac{1}{7}; \frac{1}{12}$.
- $\frac{a}{b}$ mit b = 10^n heißt **Zehnerbruch**, z. B. $\frac{3}{10}; \frac{27}{1000}; \frac{11}{100}$.
- $\frac{b}{a}$ ist der **Kehrbruch** zum Bruch $\frac{a}{b}$, z. B. ist $\frac{2}{3}$ der
  Kehrbruch zu $\frac{3}{2}$.

> **Erweitern, Kürzen von Brüchen**
> Der Wert eines Bruches ändert sich nicht, wenn man Zähler **und** Nenner
> - mit derselben natürlichen Zahl multipliziert $\quad \frac{a}{b} = \frac{a \cdot n}{b \cdot n}$,
>   **(Erweitern)** $\quad b, n \neq 0$
> - durch dieselbe natürliche Zahl dividiert $\quad \frac{a}{b} = \frac{a : n}{b : n}$,
>   **(Kürzen)** $\quad b, n \neq 0$

Beispiel 1. $\frac{3}{5} = \frac{3 \cdot 4}{5 \cdot 4} = \frac{12}{20}$

2. $\frac{14}{16} = \frac{14 : 2}{16 : 2} = \frac{7}{8}$

> **Vergleich von Brüchen**
> Bei Brüchen mit gleichem Nenner (**gleichnamige** Brüche) ist derjenige Bruch der kleinste, der den kleinsten Zähler besitzt.
> $\frac{a}{b} < \frac{c}{b}$, **wenn a < c.**
> Bei Brüchen mit gleichem Zähler ist derjenige Bruch der kleinste, der den größten Nenner besitzt.
> $\frac{a}{b} < \frac{a}{c}$, **wenn b > c.**

Falls die Brüche weder gleiche Nenner noch gleiche Zähler besitzen, können sie zum Vergleich gleichnamig gemacht werden. Üblicherweise verwendet man dafür das kgV aller Nenner, den **Hauptnenner**.

Beispiel 1. $\frac{2}{3} < \frac{4}{3}$

2. $\frac{6}{13} < \frac{6}{11}$

3. Vergleiche die Brüche $\frac{5}{12}$ und $\frac{7}{18}$.

Lösung:
$\frac{5}{12} = \frac{15}{36}$ und $\frac{7}{18} = \frac{14}{36}$ $\Rightarrow$ $\frac{14}{36} < \frac{15}{36}$ bzw. $\frac{7}{18} < \frac{5}{12}$

Addition und Subtraktion von Brüchen

Ungleichnamige Brüche werden für Addition und Subtraktion gleichnamig gemacht. Gleichnamige Brüche werden addiert (subtrahiert), indem man die Zähler addiert (subtrahiert) und den Nenner beibehält.

$\frac{a}{c} + \frac{b}{c} = \frac{a+b}{c}, c \neq 0$

$\frac{a}{c} - \frac{b}{c} = \frac{a-b}{c}, a \geq b$ und $c \neq 0$

Beispiel

1. $\frac{1}{2} + \frac{2}{3} + \frac{3}{4} = \frac{6}{12} + \frac{8}{12} + \frac{9}{12} = \frac{6+8+9}{12} = \frac{23}{12} = 1\frac{11}{12}$

2. $\frac{3}{5} - \frac{1}{4} = \frac{12}{20} - \frac{5}{20} = \frac{12-5}{20} = \frac{7}{20}$

Multiplikation von Brüchen

Zwei Brüche werden miteinander multipliziert, indem man das Produkt der Zähler durch das Produkt der Nenner dividiert.

$\frac{a}{b} \cdot \frac{c}{d} = \frac{a \cdot c}{b \cdot d}, b, d \neq 0$

Vor dem Ausrechnen der Produkte wird immer zuerst gekürzt.

Beispiel

1. $\frac{7}{8} \cdot \frac{4}{3} = \frac{7 \cdot 4}{8 \cdot 3} = \frac{7 \cdot 1}{2 \cdot 3} = \frac{7}{6} = 1\frac{1}{6}$

2. $1\frac{3}{4} \cdot 2\frac{2}{3} = \frac{7}{4} \cdot \frac{8}{3} = \frac{7 \cdot 8}{4 \cdot 3} = \frac{7 \cdot 2}{1 \cdot 3} = \frac{14}{3} = 4\frac{2}{3}$

> **Division von Brüchen**
> Durch einen Bruch wird dividiert, indem man mit dem Kehrbruch multipliziert.
> $\frac{a}{b} : \frac{c}{d} = \frac{a}{b} \cdot \frac{d}{c}$, b, c, d $\neq 0$

Ein **Doppelbruch** wird durch eine Division aufgelöst.

Beispiel
1. $\frac{77}{18} : \frac{35}{27} = \frac{77}{18} \cdot \frac{27}{35} = \frac{77 \cdot 27}{18 \cdot 35} = \frac{11 \cdot 3}{2 \cdot 5} = \frac{33}{10} = 3\frac{3}{10}$

2. $\frac{\frac{4}{3}}{\frac{8}{9}} = \frac{4}{3} : \frac{8}{9} = \frac{4}{3} \cdot \frac{9}{8} = \frac{4 \cdot 9}{3 \cdot 8} = \frac{3}{2} = 1\frac{1}{2}$

Für die **Verbindung der vier Grundrechenarten** bei gemeinen Brüchen gelten die gleichen Gesetze wie für natürliche Zahlen.

Beispiel $\left(\frac{5}{2} - \frac{2}{3}\right) \cdot \frac{3}{4} + \frac{4}{5} = \left(\frac{15}{6} - \frac{4}{6}\right) \cdot \frac{3}{4} + \frac{4}{5} = \frac{11}{6} \cdot \frac{3}{4} + \frac{4}{5} = \frac{11 \cdot 1}{2 \cdot 4} + \frac{4}{5}$
$= \frac{11}{8} + \frac{4}{5} = \frac{55}{40} + \frac{32}{40} = 2\frac{7}{40}$

Jede **rationale Zahl** lässt sich als positiver oder negativer gemeiner Bruch darstellen. Es gelten die Vorzeichen- und Klammerregeln.

Beispiel $(-3) + \left(-\frac{1}{7}\right) \cdot \frac{7}{5} = -3 - \frac{1}{7} \cdot \frac{7}{5} = -3 - \frac{1}{5} = -3\frac{1}{5}$

> **Dezimalbruch**
> Jeder endliche Dezimalbruch ist ein Zehnerbruch. Der Nenner ist eine Stufenzahl (Zehnerzahl) mit so vielen Nullen, wie der Dezimalteil Stellen besitzt.

Beispiel $13,489 = 13 + \frac{4}{10} + \frac{8}{100} + \frac{9}{1000}$

Zahlenmengen und Rechenregeln

Umwandeln von Brüchen in Dezimalbrüche
Jeder gemeine Bruch kann in einen Dezimalbruch umgewandelt werden, indem man den Zähler durch den Nenner dividiert. Es entsteht ein
- **endlicher** Dezimalbruch, falls im Nenner nur Potenzen von 2 und 5 als Teiler vorkommen,
- **rein periodischer** Dezimalbruch, falls der Nenner teilerfremd zu 2 und 5 ist,
- **gemischt periodischer** Dezimalbruch, falls der Nenner außer 2 oder 5 noch weitere Primfaktoren enthält.

Beispiel

1. $\frac{3}{8} = 3 : 8 = 0{,}375$

2. $\frac{1}{3} = 1 : 3 = 0{,}\overline{3}$

3. $\frac{97}{135} = 97 : 135 = 0{,}7185185\ldots = 0{,}7\overline{185}$

Umwandeln von Dezimalbrüchen in Brüche
- Man schreibt einen **endlichen Dezimalbruch** als Bruch, indem man in den Nenner eine Zehnerpotenz schreibt, die so viele Nullen hat, wie Stellen hinter dem Komma des Dezimalbruchs stehen.
- Ein **reinperiodischer Dezimalbruch** hat einen Nenner mit so vielen Ziffern 9, wie die Periode Ziffern besitzt.
Ein **gemischt periodischer Dezimalbruch** wird zuerst in einen reinperiodischen Dezimalbruch umgewandelt.
- **Nicht periodische, unendliche Dezimalbrüche** lassen sich nicht in gemeine Brüche umwandeln.

Beispiel

1. $0{,}7139 = \frac{7139}{10\,000}$

2. $0{,}8\overline{3} = 8{,}\overline{3} \cdot \frac{1}{10} = 8\frac{3}{9} \cdot \frac{1}{10} = \frac{75}{9} \cdot \frac{1}{10} = \frac{75 \cdot 1}{9 \cdot 10} = \frac{75}{90} = \frac{5}{6}$

3. $\pi = 3{,}141592654\ldots$ ist nicht als Bruch darstellbar.

Zahlenmengen und Rechenregeln

> **Addition und Subtraktion von Dezimalbrüchen**
> Endliche Dezimalbrüche werden addiert (subtrahiert), indem man die Dezimalen gleichen Stellenwertes addiert (subtrahiert). Dazu werden die Dezimalbrüche durch Anhängen von Nullen gleichnamig gemacht.

Beispiel
1. $14{,}815 + 13{,}2 = 14{,}815 + 13{,}200 = 28{,}015$
2. $44{,}1 - 25{,}398 = 44{,}100 - 25{,}398 = 18{,}702$

> **Multiplikation von Dezimalbrüchen**
> Endliche Dezimalbrüche werden miteinander multipliziert, indem man ohne Rücksicht auf das Komma multipliziert und dem Produktwert so viele Dezimalstellen gibt, wie die Faktoren zusammen besitzen.

Beispiel
```
7536 · 141
 7536
30144      ⇒  75,36 · 14,1 = 1 062,576
  7536
———————
1062576
```

> **Division von Dezimalbrüchen**
> Die Division eines Dezimalbruchs durch eine natürliche Zahl wird analog zur Division von natürlichen Zahlen durchgeführt. Beim Überschreiten des Kommas im Dividenden wird im Quotientenwert das Komma gesetzt.
> Durch einen endlichen Dezimalbruch wird dividiert, indem man durch ausgleichende Kommaverschiebung erreicht, dass der Divisor eine natürliche Zahl wird.

Beispiel $22{,}0792 : 3{,}86 = 2\,207{,}92 : 386 = 5{,}72$

Für die **Verbindung der vier Grundrechenarten** bei Dezimalbrüchen gelten die bereits bekannten Gesetze.

Beispiel

$(920{,}4 \cdot 4{,}35 - 29{,}44 : 0{,}092) - 3\,682{,}74 =$
$(4\,003{,}74 - 320) - 3\,682{,}74 = 3\,683{,}74 - 3\,682{,}74 = 1$

1.5 Prozent- und Zinsrechnung

Um Brüche (Verhältnisse) leichter vergleichen zu können, wählt man als gemeinsamen Nenner 100 (Prozent) oder 1 000 (Promille).

Prozent, Promille
- 1 **Prozent** = 1 % einer Zahl ist der einhundertste Teil dieser Zahl, d. h. $1\% = \frac{1}{100}$.
- 1 **Promille** = 1 ‰ einer Zahl ist der eintausendste Teil dieser Zahl, d. h. $1‰ = \frac{1}{1000}$.

Berechnung von Prozentwert, Prozentsatz und Grundwert
Bezeichnet man den **Prozentsatz** mit p, den **Prozentwert** mit W und den **Grundwert** mit G, dann gilt:

p % von G sind $W = \frac{p}{100} \cdot G$

$$p = \frac{W \cdot 100}{G} \quad \text{und} \quad G = \frac{W \cdot 100}{p}$$

Beispiel

1. Bei Barzahlung erhält Sarah 3 % Rabatt.
   Wie viel darf von ihrem Rechnungsbetrag über 420 € abgezogen werden?

   Lösung:
   W = 3 % von 420 € = 0,03 · 420 = 12,60 €
   Man darf 12,60 € abziehen.

2. Kai hat auf seinem Sparbuch 1 250 €. Er hebt 150 € ab.
   Wie viel Prozent des Gesamtbetrags sind dies?

Lösung:
$$p = \frac{150 \cdot 100}{1\,250} = 12\,\%$$
Es sind 12 % des Gesamtbetrags.

3. 16 % einer Strecke sind 420 m. Wie lang ist die Strecke?

   Lösung:
   $$G = \frac{420 \cdot 100}{16} = 2\,625$$
   Die Strecke ist 2 625 m lang.

Die Zinsrechnung ist die Anwendung der Prozentrechnung auf die Geldwirtschaft unter Berücksichtigung der Zeit. Dabei entsprechen die **Zinsen Z** dem Prozentwert W, das **Kapital K** dem Grundwert G und der **Zinssatz p** dem Prozentsatz p.

> **Zinsrechnung**
>
> Zinsen nach **einem Jahr:** $Z = \frac{p}{100} \cdot K$
>
> Zinsen nach **t Tagen:** $Z = \frac{p}{100} \cdot K \cdot \frac{t}{360}$

Ein Jahr besteht hier vereinfachend aus **360 Tagen**, ein Monat aus **30 Tagen**.

Beispiel
1. Wie viele Zinsen muss Ina bei einem Zinssatz von 6 % nach 75 Tagen zahlen, wenn sie sich 2 000 € ausgeliehen hat?

   Lösung:
   $$Z = \frac{6}{100} \cdot 2\,000\,€ \cdot \frac{75}{360} = 25\,€$$
   Ina muss 25 € Zinsen bezahlen.

2. Stefan hat 8 000 € kurzfristig zu 5 % angelegt und dabei 120 € Zinsen erhalten. Wie lange war das Geld angelegt?

   Lösung:
   $$t = \frac{360 \cdot 100 \cdot Z}{p \cdot K} = \frac{360 \cdot 100 \cdot 120\,€}{5 \cdot 8\,000\,€} = 108$$
   Das Geld war 108 Tage angelegt.

1.6 Potenz und Wurzel

Für die Multiplikation gleicher Faktoren und deren Umkehrung werden als Begriffe eingeführt:

> **Potenzen**
> a^n heißt die **n-te Potenz** der Zahl a. a nennt man **Grundzahl** oder **Basis**, n nennt man **Hochzahl** oder **Exponent**.
> n ist entweder eine natürliche, eine ganze oder eine rationale Zahl.
> - n als natürliche Zahl: $a^n = \underbrace{a \cdot a \cdot \ldots \cdot a}_{n \text{ Faktoren}}$
> - n als ganze Zahl: $a^{-n} = \frac{1}{a^n}, \quad a \neq 0$
> - n als rationale Zahl: $a^{\frac{r}{s}} = \sqrt[s]{a^r}, \quad a > 0, s \neq 0$
>
> Man legt zudem fest:
> $a^1 = a$
> $a^0 = 1$, aber 0^0 ist nicht definiert.

Beispiel

1. $4^2 = 4 \cdot 4 = 16$

2. $3^{-3} = \frac{1}{3^3} = \frac{1}{3 \cdot 3 \cdot 3} = \frac{1}{27}$

3. $4^{\frac{5}{2}} = \sqrt[2]{4^5} = \sqrt{1\,024} = 32$

4. $12^1 = 12$

5. $30^0 = 1$

Potenzen können über die vier Grundrechenarten miteinander verknüpft werden. Dabei ist genau darauf zu achten, wo welches Rechenzeichen steht. Die Regeln werden als sogenannte Potenzgesetze formuliert.

> **Potenzgesetze**
> Für alle $a, b \in \mathbb{R}^+$ und $r, s \in \mathbb{Q}$ gelten folgende Potenzgesetze:
>
> 1. $a^r \cdot a^s = a^{r+s}$
> $a^r \cdot b^r = (a \cdot b)^r$
>
> 2. $a^r : a^s = a^{r-s}$
> $a^r : b^r = (a : b)^r = \left(\dfrac{a}{b}\right)^r$
>
> 3. $(a^r)^s = a^{rs}$
>
> 4. $r < s \ \Leftrightarrow \ a^r < a^s \quad$ für $a > 1$
> $r < s \ \Leftrightarrow \ a^r > a^s \quad$ für $0 < a < 1$

Anmerkungen:
- Addition und Subtraktion sind nur für gleichartige Potenzen, d. h. für Potenzen mit gleicher Basis und gleichem Exponenten, definiert.
- Die Potenzgesetze 1 bis 3 gelten auch für negative Basiswerte, wenn die Exponenten ganze Zahlen sind.
- Für Grundzahlen gibt es das folgende Monotoniegesetz mit $a, b \in \mathbb{R}^+$ und $n \in \mathbb{N}$:
  $a < b \ \Leftrightarrow \ a^n < b^n$

Beispiel
1. $2^2 \cdot 2^5 = 2^{2+5} = 2^7$
   $3^4 \cdot 2^4 = (3 \cdot 2)^4 = 6^4$

2. $5^3 : 5^2 = 5^{3-2} = 5^1 = 5$
   $8^2 : 4^2 = (8 : 4)^2 = 2^2$

3. $(4^4)^3 = 4^{4 \cdot 3} = 4^{12}$

4. $2 < 5 \ \Leftrightarrow \ 6^2 < 6^5$
   $2 < 3 \ \Leftrightarrow \ \left(\dfrac{1}{2}\right)^2 > \left(\dfrac{1}{2}\right)^3 \ \Leftrightarrow \ \dfrac{1}{4} > \dfrac{1}{8}$

Für Potenzen mit rationalen Exponenten benötigt man den Begriff der **Wurzel**. Das Wurzelziehen, auch Radizieren genannt, ist die Umkehrung des Potenzierens.

Wurzeln

Für a ≥ 0 gilt:

$\sqrt{a}$ bzw. $\sqrt[2]{a}$ heißt **Quadratwurzel** aus der Zahl a. Sie ist diejenige nicht-negative Zahl mit $\sqrt{a} \cdot \sqrt{a} = (\sqrt{a})^2 = a$.

$\sqrt[n]{a}$ heißt die **n-te Wurzel** aus a. Falls diese existiert, ist es diejenige positive Zahl, deren n-te Potenz a ergibt.

Beachte: Die Wurzel aus einer Zahl ist stets **nicht-negativ** und eindeutig bestimmt.
Näherungswerte für $\sqrt[n]{a}$ können mithilfe des Taschenrechners bestimmt werden.

Beispiel

1. $\sqrt{16} = \sqrt{4 \cdot 4} = 4$

2. $\sqrt{-16}$ ist nicht definiert.

3. $\sqrt[3]{27} = \sqrt[3]{3^3} = \sqrt[3]{3 \cdot 3 \cdot 3} = 3$

Da eine Variable sowohl negative als auch positive Werte annehmen kann, die Quadratwurzel aber stets nicht-negativ ist, gilt:

Quadratwurzel einer Quadratzahl

$\sqrt{a^2} = \begin{cases} a & \text{für } a \geq 0 \\ -a & \text{für } a < 0 \end{cases}$, d. h. $\sqrt{a^2} = |a|$

Beispiel

1. $\sqrt{4^4} = 4^2 = 16$, da $4^2 \geq 0$

2. $\sqrt{7^6} = |7^3| = |7|^3 = 343$

3. $\sqrt{(-2)^{10}} = |-2|^5 = 2^5 = 32$

Eine Wurzel kann teilweise berechnet werden **(teilweises Radizieren)**. Ebenso können Terme unter die Wurzel gezogen werden.

Beispiel
1. $\sqrt{75} = \sqrt{25 \cdot 3} = \sqrt{25} \cdot \sqrt{3} = 5\sqrt{3}$
2. $3\sqrt[3]{2} = \sqrt[3]{3^3} \cdot \sqrt[3]{2} = \sqrt[3]{3^3 \cdot 2} = \sqrt[3]{54}$

Durch **Erweitern** kann jeder Bruch, dessen Nenner eine irrationale Wurzel enthält, als ein Bruch mit einem **rationalen Nenner** dargestellt werden.

Beispiel
1. $\dfrac{2^2}{3\sqrt{2}} = \dfrac{2^2 \cdot \sqrt{2}}{3\sqrt{2} \cdot \sqrt{2}} = \dfrac{2^2 \sqrt{2}}{3 \cdot 2} = \dfrac{2}{3}\sqrt{2}$

2. $\dfrac{\sqrt{3}}{\sqrt{3}+3} = \dfrac{\sqrt{3}(\sqrt{3}-3)}{(\sqrt{3}+3)(\sqrt{3}-3)} = \dfrac{3-3\sqrt{3}}{3-3^2} = \dfrac{3(1-\sqrt{3})}{3(1-3)} = \dfrac{1-\sqrt{3}}{1-3} = \dfrac{\sqrt{3}-1}{2}$

Auch n-te Wurzeln können miteinander verknüpft werden.

Wurzelgesetze

1. $\sqrt[n]{a} \cdot \sqrt[n]{b} = \sqrt[n]{a \cdot b}$

2. $\dfrac{\sqrt[n]{a}}{\sqrt[n]{b}} = \sqrt[n]{\dfrac{a}{b}}$ $\quad (b \neq 0)$

3. $\sqrt[m]{\sqrt[n]{a}} = \sqrt[m \cdot n]{a}$

4. $(\sqrt[m]{a})^n = \sqrt[m]{a^n}$

5. $\sqrt[n]{a} = \sqrt[m \cdot n]{a^m}$ $\quad$ (Erweitern)

6. $\sqrt[m \cdot n]{a^{m \cdot r}} = \sqrt[n]{a^r}$ $\quad$ (Kürzen)

Beispiel
1. $\sqrt[3]{36} \cdot \sqrt[3]{6} = \sqrt[3]{36 \cdot 6} = \sqrt[3]{6 \cdot 6 \cdot 6} = 6$

2. $\dfrac{\sqrt[5]{45}}{\sqrt[5]{15}} = \sqrt[5]{\dfrac{45}{15}} = \sqrt[5]{3}$

3. $\sqrt[4]{\sqrt[3]{256}} = \sqrt[4\cdot 3]{256} = \sqrt[4\cdot 3]{4^4} = \sqrt[3]{4}$

4. $(\sqrt[3]{21})^2 \cdot \sqrt[3]{21} = \sqrt[3]{21^2} \cdot \sqrt[3]{21} = 21^{\frac{2}{3}} \cdot 21^{\frac{1}{3}} = 21^{\frac{2}{3}+\frac{1}{3}} = 21^1 = 21$

Mit Intervallschachtelungen möchte man eine Wurzel so genau wie möglich bestimmen. Mit ihnen kann ermittelt werden, wo die irrationalen Zahlen auf der Zahlengeraden liegen.
Dazu überlegt man sich zuerst, zwischen welchen ganzzahligen Werten die Wurzel liegt. Diese beiden Zahlen bilden das erste Intervall. Anschließend wählt man sich eine Folge von Intervallen, die die Wurzel immer enger einkreisen, d. h., jedes nachfolgende Intervall muss im vorherigen Intervall enthalten sein, wobei die Zahl der Nachkommastellen immer um 1 zunimmt.

> **Intervallschachtelung**
> Eine Folge von Intervallen bildet eine Intervallschachtelung, wenn
> - jedes Intervall im vorhergehenden enthalten ist und
> - die Intervall-Längen abnehmen und beliebig klein werden.
>
> Jede **Intervallschachtelung** bestimmt auf der Zahlengeraden genau einen Punkt, d. h. **genau eine Zahl**.

Intervallschachtelung für die irrationale Zahl $z = \sqrt{5}$: **Beispiel**

$I_1 = [2; 3]$, d. h. $2 < \sqrt{5} < 3$, weil $2^2 < 5 < 3^2$
$I_2 = [2{,}2; 2{,}3]$, weil $2{,}2^2 < 5 < 2{,}3^2$
$I_3 = [2{,}23; 2{,}24]$
$I_4 = [2{,}236; 2{,}237]$
$I_5 = [2{,}2360; 2{,}2361]$ usw.

1.7 Runden und Überschlagen

Häufig benötigt man für einen ersten Überblick über eine Rechnung gar nicht die genauen Zahlen, sondern es genügt, wenn man sie durch prägnante größere oder kleinere Zahlen ersetzt.

> **Näherungswert**
> Weicht eine Zahlenangabe von einem genauen Wert nach oben oder nach unten ab, so heißt dieser Wert Näherungswert.
> Der Näherungswert ist umso besser, je kleiner der Betrag der Abweichung ist. Näherungswerte entstehen z. B. beim Runden.
>
> **Runden**
> Eine oder mehrere Ziffern am Ende einer Zahl werden durch Nullen ersetzt. Beim **Abrunden** bleibt die letzte, nicht durch eine Null ersetzte Ziffer erhalten. Abgerundet wird, falls dieser Ziffer eine 0, 1, 2, 3 oder 4 folgt. Beim **Aufrunden** wird die letzte, nicht durch Null ersetzte Ziffer um 1 erhöht. Aufgerundet wird, falls dieser Ziffer eine 5, 6, 7, 8 oder 9 folgt.
>
> **Überschlagen**
> Die in eine Rechnung eingehenden Zahlen werden so vereinfacht, dass die Rechnung leicht im Kopf zu lösen ist.

Beispiel

1. Beliebte gerundete Näherungswerte:
   $\frac{1}{3} \approx 0{,}33 \qquad \pi \approx 3{,}14 \qquad \sqrt{2} \approx 1{,}41$

2. $846 \approx 800$ und $1\,288 \approx 1\,300$

3. Laura möchte sich eine Hose für 29,99 €, ein Paar Handschuhe für 8,79 € und einen Schal für 12,19 € kaufen. Sie hat 52 € dabei. Überschlage, ob ihr Geld reicht.

   Lösung:
   30 € + 9 € + 12 € = 51 €
   Lauras Geld reicht.

1.8 Größen und ihre Einheiten

Messen heißt immer Vergleichen mit einer **Einheit**. In „3 Birnen" heißt Birne die Einheit und 3 die **Maßzahl**. Ein Ausdruck aus Maßzahl und Einheit heißt **Größe**.

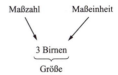

Längeneinheiten
Die **Längeneinheit** ist **1 Meter**, abgekürzt 1 m.
Weitere gebräuchliche Einheiten sind Millimeter (mm), Zentimeter (cm), Dezimeter (dm) und Kilometer (km).

Für den Zusammenhang zwischen den Längeneinheiten gilt:

1 cm = 10 mm
1 dm = 10 cm = 100 mm   Die **Umrechnungszahl** ist **10**.
1 m = 10 dm = 100 cm = 1 000 mm

1 km = 1 000 m = 10 000 dm = 100 000 cm = 1 000 000 mm

Für 4 m 32 cm schreibt man auch 4,32 m. Das Komma trennt die Einheit von der nächstkleineren.

Beispiel

1. 12,156 km = 12 km 156 m

2. 8 m 3 cm 1 mm = 8,031 m
   = 80,31 dm
   = 803,1 cm
   = 8 031 mm

Maße des Gewichts (Masse)
Die **Gewichtseinheit** (Einheit der Masse) ist **1 Kilogramm**, abgekürzt 1 kg. Weitere gebräuchliche Einheiten sind Milligramm (mg), Gramm (g) und Tonne (t).

Für den Zusammenhang der einzelnen Gewichtsmaße gilt:

$$\left.\begin{array}{l} 1\,g = 1\,000\,mg \\ 1\,kg = 1\,000\,g = 1\,000\,000\,mg \\ 1\,t = 1\,000\,kg = 1\,000\,000\,g \\ \quad = 1\,000\,000\,000\,mg \end{array}\right\} \begin{array}{l} \text{Die \textbf{Umrechnungszahl}} \\ \text{ist \textbf{1 000}.} \end{array}$$

Für 15 kg 380 g schreibt man auch 15,380 kg. Das Komma trennt die Einheit von der nächstkleineren.

Beispiel 1. 8 kg 13 g = 8 013 g = 8,013 kg

2. 6,0213 t = 6 t 21 kg 300 g

> **Hohlraummaße (Flüssigkeitsmaße)**
> Die **Hohlraumeinheit** ist in Deutschland **1 Liter**, abgekürzt 1 ℓ. Ebenfalls gebräuchlich sind die Bezeichnungen 1 Hektoliter, kurz 1 $h\ell$ = 100 ℓ, und 1 Milliliter, kurz 1 $m\ell$ = 0,001 ℓ.

Für 5 $h\ell$ 4 ℓ schreibt man auch 5,04 $h\ell$. Das Komma trennt die Einheit von der nächstkleineren.

Beispiel 1. 5 ℓ = 0,05 $h\ell$

2. 13 ℓ 4 $m\ell$ = 13 004 $m\ell$ = 13,004 ℓ

> **Geldmaße**
> Das **Geldmaß** (die Geldeinheit) ist in Deutschland **1 Euro**, abgekürzt 1 €. Ein Euro wird in 100 Cent, abgekürzt ct, unterteilt: 1 € = 100 ct

Für 8 € 95 ct schreibt man auch 8,95 €. Das Komma trennt die € von den ct.

Beispiel 1. 1 € 4 ct = 104 ct = 1,04 €

2. 315,88 € = 315 € 88 ct

Zahlenmengen und Rechenregeln

> **Zeitmaße**
> Die Zeiteinheit ist **1 Sekunde**, abgekürzt 1 s. Weitere gebräuchliche Einheiten sind Minute (min), Stunde (h), Tag (d), Woche (w), Monat, Jahr (a).

Für den Zusammenhang der einzelnen Zeiteinheiten gilt:
1 min = 60 s
1 h = 60 min = 3 600 s
1 d = 24 h

Folgende Bezeichnungen sind gebräuchlich:

Viertelstunde = 15 min $\qquad \frac{1}{4}$ h = 15 min

Halbe Stunde = 30 min $\qquad \frac{1}{2}$ h = 30 min

Dreiviertelstunde = 45 min $\qquad \frac{3}{4}$ h = 45 min

Die Kommaschreibweise ist für die angegebenen Zeitmaße nicht üblich, da sie sich nicht durch Stufenzahlen des Zehnersystems ineinander umrechnen lassen.

Beispiel

1. 6 d 12 h = 144 h + 12 h = 156 h
2. 1 h 2 min 3 s = 3 600 s + 120 s + 3 s = 3 723 s

> **Teilen und Messen**
> - Teilt man eine Größe in eine Anzahl von Teilen auf, so heißt dieser Vorgang **Teilung**.
> - Prüft man nach, wie oft eine Größe in einer zweiten Größe enthalten ist, so heißt dieser Vorgang **Messung**.

Beispiel

1. 16 m 12 cm : 4 = 1 612 cm : 4 = 403 cm (Teilung)
2. 6 t 664 kg : 17 kg = 6 664 kg : 17 kg = 392 (Messung)

1.9 Sachaufgaben

Grundrechenarten und Maße benötigt man, um Aufgaben lösen zu können, die einen Sachzusammenhang beschreiben, d. h. als Textaufgabe formuliert sind.

> **Sachaufgaben**
> Sachaufgaben beschreiben als Textaufgaben einen Sachzusammenhang zwischen Größen. Für das Lösen der Sachaufgaben sind immer folgende Schritte nötig:
> - Lies die Aufgabe sorgfältig durch und überlege, was gesucht ist.
> - Zerlege die Aufgabe in Teilfragen und bringe diese in eine sinnvolle Reihenfolge.
> - Schreibe diese Reihenfolge als Gesamtterm auf.
> - Verwandle für die Berechnung die Größen in sinnvolle Einheiten.
> - Führe alle schwierigen Teilrechnungen als Nebenrechnungen aus.
> - Gib zu jeder Textaufgabe eine Antwort, die sich auf die gestellte Frage bezieht.

Beispiel Bei einem Konzert blieb im Zuhörerraum der sechste Teil der 168 Plätze unbesetzt. 50 der verkauften Karten waren ermäßigte Karten zu 6,50 € das Stück. Die restlichen Karten kosteten alle gleich viel.
Was hat jede dieser Karten gekostet, wenn insgesamt 1 540 € eingenommen wurden?

Lösung:
Der 6. Teil der Plätze: $168 : 6$
Nicht ermäßigte verkaufte Karten: $168 - 168 : 6 - 50$
Kosten der nicht ermäßigten verkauften Karten:
$1\,540\, € - 50 \cdot 6{,}50\, €$
Gesamtterm: $(1\,540\, € - 50 \cdot 6{,}50\, €) : (168 - 168 : 6 - 50) =$
$= (1\,540\, € - 325\, €) : (168 - 28 - 50)$
$= 1\,215\, € : 90 = 13{,}50\, €$
Jede der restlichen Karten hat 13,50 € gekostet.

2 Rechnen mit Variablen

Das Rechnen mit Variablen löst sich von der einzelnen Rechenaufgabe mit Zahlen und kann so den Rechengang für beliebig viele gleichartige Beispiele vorgeben. So können allgemeingültige Rechenregeln hergeleitet werden, die dann häufig in „Formeln" festgehalten werden.

2.1 Variablen

Variablen
Variablen sind Zeichen, die als **Platzhalter** oder **Leerstellen** für beliebige Elemente aus einer **Grundmenge** stehen. Als Variablen verwendet man Buchstaben (a, b, c, x, y, M, X, ...) oder Sonderzeichen (Δ, $\Box$, ...).

Grundrechenarten:
Addition: $x + x = 2x$ Subtraktion: $x - x = 0$
Multiplikation: $x \cdot x = x^2$ Division: $x : x = 1$

$18x : 3x + 7x - 5x \cdot 3 = 6 + 7x - 15x = 6 - 8x$ **Beispiel**

2.2 Äquivalenzumformungen von Termen

Eine wichtige Vorübung für das Lösen von Gleichungen und Ungleichungen stellen die Äquivalenzumformungen von Termen dar, mit deren Hilfe Terme auf eine gewünschte Form gebracht werden können.

Term
Ein **Term** ist eine sinnvolle Zusammenstellung von Zahlen, Variablen, Rechenzeichen, Klammern usw. Terme ohne Variablen stellen einen bestimmten Zahlenwert dar.

Zu beachten ist:
- Enthält ein Term eine Variable, so erhält er erst dann einen Wert, wenn für diese Variable Zahlen aus einer **Grundmenge G** eingesetzt werden.
- Treten in einem Term mehrere verschiedene Variablen auf, so müssen so viele Grundmengen angegeben sein, wie es unterschiedliche Variablen gibt.
- Tritt eine Variable mehrmals auf, so muss für sie immer dieselbe Zahl eingesetzt werden.

Beispiel $T(x\,|\,y) = x \cdot (y-1) - x^2;$ $x \in \mathbb{G}_1 = \{2, 3, 4\}, y \in \mathbb{G}_2 = \{-1;\ 1\}$

Für $x = 4$ und $y = -1$ ergibt sich:
$T(4\,|-1) = 4 \cdot (-1-1) - 4^2 = 4 \cdot (-2) - 4^2 = -8 - 16 = -24$

Äquivalente Terme
Zwei Terme T_1 und T_2 heißen **äquivalent**, wenn sie bei jeder Belegung ihrer Variablen jeweils den gleichen Wert besitzen. Man schreibt: $T_1 = T_2$.

Beispiel Gegeben sind die beiden Terme $T_1(x) = x^2 - 2x + 1$ und $T_2(x) = (x-1)^2$.

Setzt man für x beispielsweise die Zahlen –3, 1 und 4 ein, erhält man die Termwerte:

$T_1(-3) = 9 + 6 + 1 = 16$
$T_1(1) = 1 - 2 + 1 = 0$
$T_1(4) = 16 - 8 + 1 = 9$

$T_2(-3) = (-3-1)^2 = (-4)^2 = 16$
$T_2(1) = (1-1)^2 = 0$
$T_2(4) = (4-1)^2 = 3^2 = 9$

$\Rightarrow$ T_1 und T_2 sind äquivalent, d. h. $T_1(x) = T_2(x)$.

Es gilt folgende Regel:
Formt man einen Term mithilfe der gültigen Rechengesetze um, so geht er in einen äquivalenten Term über. Durch Äquivalenz-

umformung kann man einen Term im Allgemeinen vereinfachen.

> **Vereinfachung von Summen und Produkten**
> Umformungen mithilfe der Klammerregeln, des Kommutativ-, des Assoziativ- und des Distributivgesetzes sind **Äquivalenzumformungen**.
> - Summen kann man vereinfachen, wenn man gleichartige Summanden zusammenfasst.
> - Produkte kann man vereinfachen, wenn man Potenzen mit gleicher Basis zusammenfasst.
> - Steht vor einer Klammer ein Pluszeichen, so kann die Klammer weggelassen werden. Steht vor einer Klammer ein Minuszeichen, so müssen die Vorzeichen aller Glieder in der Klammer umgedreht werden.

Beispiel

1. $6x - [(3x - 8y) - (x + 9y)] = 6x - [3x - 8y - x - 9y]$
   $= 6x - 3x + 8y + x + 9y = 4x + 17y$

2. $\left(-\frac{1}{2}x\right)^2 \cdot (-2y) + 6xy \cdot \left(-\frac{1}{3}x\right) = \frac{1}{4}x^2 \cdot (-2y) - 6xy \cdot \frac{1}{3}x$
   $= -\frac{1}{2}x^2y - 2x^2y = -\frac{5}{2}x^2y$

3. $3ab(a - c) - ac(3b - 5a) = 3a^2b - 3abc - 3abc + 5a^2c$
   $= 3a^2b - 6abc + 5a^2c$

> **Multiplikation von Summen**
> Zwei Summen werden miteinander multipliziert, indem man jeden Summanden der ersten Klammer mit jedem Summanden der zweiten Klammer multipliziert und die Produkte addiert.
> $(a + b) \cdot (c + d) = ac + ad + bc + bd$

Beispiel

1. $(x + 4) \cdot (x^2 - 3x + 1) = x^3 - 3x^2 + x + 4x^2 - 12x + 4$
   $= x^3 + x^2 - 11x + 4$

2. $\left(\frac{2}{3}-4x\right)\cdot\left(x-\frac{3}{4}\right)=\frac{2}{3}x-\frac{1}{2}-4x^2+3x=-4x^2+3\frac{2}{3}x-\frac{1}{2}$

Ein Summenterm aus zwei Gliedern heißt **Binom**. Drei besondere Produkte solcher Binome kommen sehr häufig vor. Man bezeichnet sie als binomische Formeln.

> **Binomische Formeln**
> $(a+b)^2 = a^2 + 2ab + b^2$
> $(a-b)^2 = a^2 - 2ab + b^2$
> $(a+b)\cdot(a-b) = a^2 - b^2$

Beispiel
1. $(x+3y)^2 = x^2 + 6xy + 9y^2$
2. $(5-y)^2 = 25 - 10y + y^2$
3. $(3x+6)\cdot(3x-6) = 9x^2 - 36$

> **Faktorisieren von Summen**
> Durch (ein- oder mehrmaliges) **Ausklammern** oder durch Anwendung der binomischen Formeln (in der Richtung von rechts nach links) kann man bestimmte algebraische Summen in Produkte umwandeln.

Beispiel
1. $x^2 + 3x = x(x+3)$
2. $2xy - 6xz + 3ay - 9az = 2x(y-3z) + 3a(y-3z)$
   $\qquad\qquad\qquad\qquad\qquad = (y-3z)(2x+3a)$
3. $y^2 + 20y + 100 = (y+10)^2$
4. $36x^2 - 25y^2 = (6x+5y)\cdot(6x-5y)$

Die Berechnungen von Bruchzahlen können auf Brüche mit Termen in Zähler und Nenner übertragen werden.

> **Rechnen mit Bruchtermen**
> Für die Addition und Subtraktion müssen Bruchterme gleichnamig gemacht werden.
> - Gleichnamige Bruchterme werden addiert (subtrahiert), indem man die Zähler addiert (subtrahiert) und die gleichen Nenner beibehält.
> - Bei der Multiplikation von Bruchtermen muss darauf geachtet werden, dass Zähler und Nenner vollständig in Faktoren zerlegt werden, da man nur Faktoren aus vollständigen Produkten kürzen darf. Die Regel, dass das Produkt der Zähler durch das Produkt der Nenner dividiert wird, bleibt erhalten.
> - Die Regel, dass durch einen Bruchterm dividiert wird, indem man mit dem Kehrbruch multipliziert, bleibt erhalten.

Beispiel

1. $\frac{x}{xy-y^2}$ und $\frac{1}{xy}$

   Hauptnennerbestimmung durch Faktorenzerlegung und Bildung des kgV:

Faktorenzerlegung	Erweiterungsfaktoren
$xy - y^2 = y \cdot (x-y)$	x
$xy = x \cdot y$	$(x-y)$

   HN $= xy(x-y)$

   Damit folgt:

   $$\frac{x}{xy-y^2} = \frac{x^2}{xy(x-y)}$$

   $$\frac{1}{xy} = \frac{x-y}{xy(x-y)}$$

2. $\frac{1}{x^2-x} - \frac{1}{x} + 1 = \frac{1}{x(x-1)} - \frac{x-1}{x(x-1)} + \frac{x(x-1)}{x(x-1)}$

   $$= \frac{1-x+1+x^2-x}{x(x-1)} = \frac{x^2-2x+2}{x(x-1)}$$

3. $\dfrac{a^2}{ab} \cdot \dfrac{-b}{a} = \dfrac{-a^2 b}{a^2 b} = -\dfrac{a^2 b}{a^2 b} = -1$

4. $\dfrac{x-2}{x} : \dfrac{x^2-4}{2x^2} = \dfrac{x-2}{x} \cdot \dfrac{2x^2}{x^2-4} = \dfrac{(x-2) \cdot 2x^2}{x \cdot (x+2)(x-2)} = \dfrac{2x}{x+2}$

2.3 Definition von (Un-)Gleichungen

Das Lösen von Gleichungen und Ungleichungen ist besonders wichtig. Im Alltag wird man oft vor dieses mathematische Problem gestellt.

> **Gleichung und Ungleichung**
> - Eine Gleichung liegt vor, wenn zwei Terme T_1 und T_2 durch ein Gleichheitszeichen verbunden sind, d. h., wenn $T_1 = T_2$ gilt.
> - Eine Ungleichung liegt vor, wenn zwei Terme T_1 und T_2 durch ein Ungleichheitszeichen verbunden sind, d. h., wenn $T_1 < T_2$ oder $T_1 \leq T_2$ gilt.

Gleichungen und Ungleichungen mit Variablen sind **Aussageformen**. Sie gehen bei der Belegung der Variablen mit einem Element aus der zugehörigen Grundmenge $\mathbb{G}$ in eine wahre oder falsche Aussage über, es sei denn, sie werden bereits vorher als unlösbar oder allgemeingültig erkannt. **Lösungen** sind die Elemente aus $\mathbb{G}$, für die beim Einsetzen eine wahre Aussage entsteht. Die Menge aller Lösungen heißt **Lösungsmenge** $\mathbb{L}$ der Gleichung bzw. der Ungleichung. Die Lösungsmenge hängt ganz wesentlich von der Wahl der Grundmenge ab. Eine Gleichung bzw. Ungleichung heißt **unlösbar**, wenn $\mathbb{L} = \{\ \}$ **(leere Menge)** gilt.

Beispiel

1. $2x + 5 = 16$ $\mathbb{G}_1 = \mathbb{Q}\ \Rightarrow\ \mathbb{L}_1 = \{5{,}5\}$
   $\mathbb{G}_2 = \mathbb{N}_0\ \Rightarrow\ \mathbb{L}_2 = \{\ \}$

2. $2x + 3 \leq 15$ $\mathbb{G} = \mathbb{R}\ \Rightarrow\ \mathbb{L} = \{x \mid x \leq 6\} =]-\infty;\ 6]$

2.4 Äquivalenzumformungen bei Gleichungen und Ungleichungen

Jede Gleichung bzw. Ungleichung lässt sich durch **Äquivalenzumformung** so auf eine Endform bringen, dass die Lösungsmenge direkt abgelesen werden kann. Zum Vereinfachen der beiden Seiten einer Gleichung oder Ungleichung können die bekannten Rechen- bzw. Klammerregeln angewendet werden. In einer **Probe** kann man überprüfen, ob die Elemente aus der Lösungsmenge $\mathbb{L}$ beim Einsetzen in die Ausgangsform der Gleichung bzw. Ungleichung auch wirklich eine wahre Aussage ergeben.

Äquivalenzumformungen bei Gleichungen
Äquivalenzumformungen liegen vor, wenn man
- auf beiden Seiten eine Zahl oder einen Term addiert oder subtrahiert,
- beide Seiten mit einer von null verschiedenen Zahl oder einem von null verschiedenen Term multipliziert,
- beide Seiten durch eine von null verschiedene Zahl dividiert,
- die beiden Seiten vertauscht.

Beispiel

1. $3x - 12 = 2(x - 18)$ $\quad \mathbb{G} = \mathbb{Q}$
   $3x - 12 = 2x - 36 \quad |-2x$
   $x - 12 = -36 \quad\quad\;\; |+12$
   $x = -24$
   $\Rightarrow \mathbb{L} = \{-24\}$

2. $x + 3 = 2x + 4 - (x + 1)$ $\quad \mathbb{G} = \mathbb{Q}$
   $x + 3 = 2x + 4 - x - 1$
   $x + 3 = x + 3 \quad |-x - 3$
   $0 = 0 \quad$ wahr

   Die Gleichung ist **allgemeingültig**, d. h., alle Elemente aus der Grundmenge $\mathbb{Q}$ ergeben beim Einsetzen eine wahre Aussage.
   $\Rightarrow \mathbb{L} = \mathbb{G}$

3. $(x+2) \cdot (x-3) = 0 \quad \mathbb{G} = \mathbb{R}$

Der Wert eines Produktes ist nur dann null, wenn wenigstens ein Faktor null ist.

$x + 2 = 0$ **oder** $x - 3 = 0$
$\quad x = -2$ **oder** $\quad x = 3 \implies \mathbb{L} = \{-2; 3\}$

Äquivalenzumformungen bei Ungleichungen
Äquivalenzumformungen liegen vor, wenn man
- auf beiden Seiten eine Zahl oder einen Term addiert oder subtrahiert,
- beide Seiten mit einer positiven Zahl oder mit einem Term mit positivem Wert multipliziert,
- beide Seiten durch eine positive Zahl dividiert,
- beide Seiten mit einer negativen Zahl oder mit einem Term mit negativem Wert multipliziert und gleichzeitig das Ungleichheitszeichen umdreht,
- beide Seiten durch eine negative Zahl dividiert und gleichzeitig das Ungleichheitszeichen umdreht,
- die beiden Seiten vertauscht und zugleich das Ungleichheitszeichen umdreht.

Beispiel

1. $12 < 4x - 24 \quad |+24 \quad \mathbb{G} = \mathbb{R}$
   $36 < 4x \quad\quad\;\; |:4$
   $\;\,9 < x$
   $\implies \mathbb{L} = \{x \mid x > 9\} = \,]9; \infty\,[$

2. $12x < 4x - 24 \quad |-4x \quad \mathbb{G} = \mathbb{R}$
   $\;\,8x < -24 \quad\quad\;\; |:8$
   $\;\;\;x < -3$
   $\implies \mathbb{L} = \{x \mid x < -3\} = \,]-\infty; -3\,[$

3. $-2x - 18 < 0 \quad |+18 \quad \mathbb{G} = \mathbb{R}$
   $\quad -2x < 18 \quad\quad |:(-2)$
   $\quad\quad\; x > -9$
   $\implies \mathbb{L} = \{x \mid x > -9\} = \,]-9; \infty\,[$

2.5 Lineare Gleichungen und Ungleichungen

Gleichungen bzw. Ungleichungen, in denen x nur mit dem Exponenten 1 auftritt, heißen **lineare Gleichungen** bzw. **lineare Ungleichungen**.

Beispiel

1. $11x - 18 = 3x - 12 \quad |-3x + 18 \quad \mathbb{G} = \mathbb{R}$
   $8x = 6 \quad |:8$
   $x = \tfrac{3}{4}$
   $\Rightarrow \; \mathbb{L} = \left\{\tfrac{3}{4}\right\}$

2. $4 \cdot (-x - 3) > -28 \qquad\qquad \mathbb{G} = \mathbb{R}$
   $-4x - 12 > -28 \quad |+12$
   $-4x > -16 \quad |:(-4)$
   $x < 4$
   $\Rightarrow \; \mathbb{L} = \{x \mid x < 4\} =]-\infty; 4[$

2.6 Lineare Gleichungssysteme

1. Lineare Gleichungssysteme mit zwei Unbekannten

Werden zwei lineare Gleichungen
(1) $a_1 x + b_1 y = c_1$ und
(2) $a_2 x + b_2 y = c_2$
durch ein „und zugleich" verknüpft, so entsteht ein Gleichungssystem von zwei Gleichungen mit zwei Variablen. Zur Lösung werden die beiden Gleichungen untereinander geschrieben. Die Lösungsmenge enthält die Zahlenpaare $(x \mid y)$.
Zum Lösen eines solchen Gleichungssystems kann man drei verschiedene Verfahren anwenden.

> **Gleichsetzungsverfahren**
> Man löst beide Gleichungen nach derselben Variablen auf und setzt die beiden Ausdrücke gleich. Die dann entstehende lineare Gleichung mit einer Variablen löst man wie gewohnt.

Beispiel
(1) $\quad 2x + 3y = 15{,}5$
(2) $\quad 5x - 2y = 5{,}5$

aus (1): $\quad x = -1{,}5y + 7{,}75$
aus (2): $\quad x = 0{,}4y + 1{,}1$

$\Rightarrow -1{,}5y + 7{,}75 = 0{,}4y + 1{,}1 \quad |-0{,}4y - 7{,}75$
$\quad\quad -1{,}9y = -6{,}65 \quad |:(-1{,}9)$
$\quad\quad\quad y = 3{,}5$

in (1): $x = -1{,}5 \cdot 3{,}5 + 7{,}75 = 2{,}5$
$\Rightarrow \mathbb{L} = \{(2{,}5 \,|\, 3{,}5)\}$

Einsetzungsverfahren
Eine der beiden Gleichungen wird nach einer Variablen aufgelöst. Dieser Ausdruck wird in die andere Gleichung eingesetzt. Die so entstehende lineare Gleichung mit einer Variablen löst man wie gewohnt.

Beispiel
(1) $\quad 5x - 2y = 45$
(2) $\quad 9x - 11y = 44$

aus (1): $\quad x = 0{,}4y + 9$

in (2): $9 \cdot (0{,}4y + 9) - 11y = 44$
$\quad\quad 3{,}6y + 81 - 11y = 44$
$\quad\quad\quad -7{,}4y + 81 = 44 \quad |-81$
$\quad\quad\quad\quad -7{,}4y = -37 \quad |:(-7{,}4)$
$\quad\quad\quad\quad\quad y = 5$

in (1): $x = 0{,}4 \cdot 5 + 9 = 11$
$\Rightarrow \mathbb{L} = \{(11 \,|\, 5)\}$

Additionsverfahren
Man erreicht durch geeignete Multiplikation, dass die Koeffizienten einer Variablen gleich oder umgekehrt gleich sind. Man subtrahiert oder addiert die beiden Gleichungen und erhält so eine lineare Gleichung mit einer Variablen, die dann wie üblich gelöst wird.

Beispiel

$$
\begin{array}{ll}
(1) & 2x + 3y = 12 \quad |\cdot 4 \\
(2) & 5x - 4y = 7 \quad |\cdot 3 \\
\hline
(1') & 8x + 12y = 48 \\
(2') & 15x - 12y = 21 \\
\hline
(1') + (2'): & 23x = 69 \quad |:23 \\
& x = 3 \\
\end{array}
$$

in (1): $6 + 3y = 12 \quad |-6$
$\quad\quad\quad\; 3y = 6 \quad\quad |:3$
$\quad\quad\quad\;\; y = 2$

$\Rightarrow \; \mathbb{L} = \{(3|2)\}$

Es können weitere Fälle auftreten.
1. Fall: Die Lösungsmenge ist leer.

Beispiel

$$
\begin{array}{ll}
(1) & 2x - 3y = 6 \quad |\cdot(-3) \\
(2) & 6x - 9y = 8 \\
\hline
(1') & -6x + 9y = -18 \\
(2') & 6x - 9y = 8 \\
\hline
(1') + (2'): & 0 = -10 \quad \text{falsch} \\
\end{array}
$$

$\Rightarrow \; \mathbb{L} = \{\;\}$

2. Fall: Die Lösungsmenge enthält unendlich viele Elemente.

Beispiel

$$
\begin{array}{ll}
(1) & 3x - 2y = 2 \quad |\cdot(-2) \\
(2) & 6x - 4y = 4 \\
\hline
(1') & -6x + 4y = -4 \\
(2') & 6x - 4y = 4 \\
\hline
(1') + (2'): & 0 = 0 \quad \text{wahr} \\
\end{array}
$$

$\Rightarrow \; \mathbb{L} = \{(x|y) \,|\, 3x - 2y = 2\}$

2. Lineare Gleichungssysteme mit drei Unbekannten

Das Gleichungssystem besteht aus drei linearen Gleichungen mit insgesamt drei Variablen. Um es zu lösen, löst man eine Gleichung nach einer Variablen auf und setzt diesen Ausdruck in die beiden anderen Gleichungen ein. Es entsteht ein lineares Gleichungssystem mit zwei Gleichungen und zwei Unbekannten, das mithilfe eines der Verfahren aus 1. gelöst wird. Die Lösungsmenge enthält die Zahlentripel $(x|y|z)$.

Beispiel

(1)	$x + y + z = 9$
(2)	$x + 2y + 4z = 15$
(3)	$x + 3y + 9z = 23$

aus (1):	$x = 9 - y - z$
in (2):	$9 - y - z + 2y + 4z = 15$
in (3):	$9 - y - z + 3y + 9z = 23$

| (2) | $y + 3z = 6$ |
| (3) | $2y + 8z = 14$ |

$-2 \cdot (2) + (3):$ $\quad 2z = 2 \quad |:2$
$\quad\quad\quad\quad\quad\quad\quad z = 1$

in (2): $y + 3 = 6 \quad \Rightarrow \quad y = 3$
in (1): $x = 9 - 3 - 1 \quad \Rightarrow \quad x = 5$
$\Rightarrow \quad \mathbb{L} = \{(5|3|1)\}$

2.7 Bruchgleichungen

Bei Bruchgleichungen können im Nenner Variablen auftreten. In diesem Fall sind die Nennerterme für alle Werte aus der Grundmenge $\mathbb{G}$, die beim Einsetzen den Nenner zu null machen, nicht definiert. Die **Definitionsmenge** $\mathbb{D}$ einer Gleichung enthält also nur diejenigen Elemente aus $\mathbb{G}$, für die die Gleichung definiert ist.

Beispiel $\frac{5}{x-2} = \frac{19}{x-3} \quad \mathbb{G} = \mathbb{R}$

$\Rightarrow \mathbb{D} = \mathbb{R}\setminus\{2; 3\}$, weil für $x = 2$ der Nenner $x - 2$ und für $x = 3$ der Nenner $x - 3$ zu null wird.

Da Brüche verglichen werden können, wenn sie gleiche Nenner besitzen, müssen die einzelnen Bruchterme auf den Hauptnenner gebracht werden bzw. die beiden Seiten der Gleichung müssen mit dem Hauptnenner multipliziert werden. Nach der Multiplikation mit dem Hauptnenner verschwinden die Nullstellen der Nenner, sodass Lösungen hinzukommen können, die vorher einen Nenner zu null gemacht hätten. Deshalb müssen bei jeder Bruchgleichung die Lösungen mit der Definitionsmenge verglichen werden.

> **Lösung einer Bruchgleichung**
> - Definitionsmenge $\mathbb{D}$, Hauptnenner HN sowie Erweiterungsfaktoren bestimmen
> - Multiplikation mit dem Hauptnenner
> - Lösen der Gleichung (wie bisher)
> - Vergleich der Lösung mit der Definitionsmenge $\mathbb{D}$ unter Angabe der Lösungsmenge $\mathbb{L}$

$$\frac{3x-12}{x-5} = \frac{3x+12}{x+4} \qquad \mathbb{G} = \mathbb{R}$$

Beispiel

Bei Betrachtung der beiden Nenner erhält man die Definitionsmenge:
$\mathbb{D} = \mathbb{R}\setminus\{-4;\ 5\}$

Der Hauptnenner ergibt sich zu:
$HN = (x-5) \cdot (x+4)$

Lösen der Bruchgleichung:

$$\frac{3x-12}{x-5} = \frac{3x+12}{x+4} \qquad |\cdot HN$$
$$(3x-12)(x+4) = (3x+12)(x-5)$$
$$3x^2 + 12x - 12x - 48 = 3x^2 - 15x + 12x - 60 \qquad |-3x^2$$
$$-48 = -3x - 60 \qquad |+3x+48$$
$$3x = -12 \qquad |:3$$
$$x = -4$$

Da $x = -4 \notin \mathbb{D}$, folgt $\mathbb{L} = \{\ \}$.

2.8 Betragsgleichungen

Nach der Definition des Betrags erhält man die geometrische Deutung, dass $|x|$ den Abstand von der Zahl 0 auf der Zahlengeraden angibt, d. h., es gilt:

> **Betragsgleichungen**
> $|x| = a \implies \mathbb{L} = \{-a; a\}$
> Überträgt man diese Deutung auf Ausdrücke der Form $|x - b| = a$, so umfasst dieser Ausdruck die Zahlen, deren Abstand von der Zahl b auf der Zahlengeraden den Wert a besitzt.

Beispiel Die Gleichung $|x - 1| = 4$ beschreibt die Zahlen, die von der Zahl 1 den Abstand 4 besitzen, d. h. $\mathbb{L} = \{-3; 5\}$.

Rechnerisch erhält man diesen Wert über $|x - 1| = 4$ mit $\mathbb{G} = \mathbb{R}$. Es sind zwei Fälle zu betrachten und zwei Gleichungen zu lösen.

1. Fall: $\quad x - 1 \geq 0 \qquad$ Vorbedingung: $x \geq 1$
$\qquad\qquad x - 1 = 4 \implies x = 5$

2. Fall: $\quad x - 1 < 0 \qquad$ Vorbedingung: $x < 1$
$\qquad\quad -(x - 1) = 4$
$\qquad\qquad -x + 1 = 4$
$\qquad\qquad\quad -x = 3 \implies x = -3$

$\implies \mathbb{L} = \{-3; 5\}$

2.9 Wurzelgleichungen

Durch ein- oder mehrmaliges **Quadrieren** der beiden Seiten einer Wurzelgleichung erreicht man, dass die Wurzeln in der Gleichung verschwinden. Das Lösen der übrig bleibenden Gleichung ohne Wurzeln erfolgt mithilfe der bekannten Regeln. Durch das Quadrieren können Lösungen dazukommen, die die Ausgangsgleichung nicht erfüllen. Deshalb muss überprüft werden, ob die Lösungen in der Definitionsmenge enthalten sind.

1. $\sqrt{x} = 3 \quad |^2 \quad \mathbb{D} = \mathbb{R}_0^+$ **Beispiel**
   $x = 9 \quad \Rightarrow \quad \mathbb{L} = \{9\}$

2. $\sqrt{x} = -3 \quad$ nicht definiert $\Rightarrow \mathbb{L} = \{\ \}$

3. $\sqrt{x+2} = 4 \quad |^2 \quad \mathbb{D} = [-2; \infty[$
   $x + 2 = 16 \quad |-2$
   $x = 14$
   $14 \in \mathbb{D} \Rightarrow \mathbb{L} = \{14\}$

2.10 Quadratische Gleichungen

Quadratische Gleichungen erhalten ihren Namen durch das Auftreten eines quadratischen Terms, d. h., in der Gleichung tritt die Variable x^2 auf. Für das Lösen einer quadratischen Gleichung gibt es eine Lösungsformel.

> **Lösungsformel für quadratische Gleichungen**
> Falls die **quadratische Gleichung $ax^2 + bx + c = 0$** Lösungen besitzt, lassen diese sich mithilfe der **Lösungsformel**
> $x_{1;\,2} = \frac{1}{2a}\left(-b \pm \sqrt{b^2 - 4ac}\right)$ berechnen.
> Die **Diskriminante $D = b^2 - 4ac$** bestimmt die Anzahl der Lösungen:
> - 2 Lösungen für $D > 0$
> - 1 Lösung für $D = 0$
> - 0 Lösungen für $D < 0$

1. $x^2 - 7x + 12 = 0$ **Beispiel**
   $x_{1;\,2} = \frac{1}{2}(7 \pm \sqrt{49 - 48}) = \frac{1}{2}(7 \pm 1)$
   $x_1 = 3$ und $x_2 = 4 \Rightarrow \mathbb{L} = \{3; 4\}$

2. $4x^2 - 4x + 1 = 0$
   $x_{1;\,2} = \frac{1}{8}(4 \pm \sqrt{16 - 16}) = \frac{1}{8}(4 \pm 0)$
   $x_1 = x_2 = \frac{4}{8} = \frac{1}{2} \Rightarrow \mathbb{L} = \left\{\frac{1}{2}\right\}$

3. $3x^2 + 2x + 10 = 0$
   $x_{1;2} = \frac{1}{6}(-2 \pm \sqrt{4-120})$
   Wegen $D = 4 - 120 = -116 < 0$, folgt $\mathbb{L} = \{\ \}$.

Mithilfe der Lösungen lassen sich quadratische Gleichungen in Linearfaktoren zerlegen. Auf diese Weise lassen sich die Gleichungen als Produkte schreiben.

Aufspaltung in Linearfaktoren
Sind x_1 und x_2 die Lösungen der quadratischen Gleichung $ax^2 + bx + c = 0$, dann kann man den Term $ax^2 + bx + c$ mithilfe der **Linearfaktoren** $x - x_1$ und $x - x_2$ auch in der Form
$\mathbf{ax^2 + bx + c = a(x - x_1)(x - x_2)}$ schreiben.

Beispiel $\frac{1}{2}x^2 + x - 4 = 0$

$x_{1;2} = 1(-1 \pm \sqrt{1+8}) = -1 \pm 3$
$x_1 = -4$ und $x_2 = 2$
$\Rightarrow \frac{1}{2}x^2 + x - 4 = \frac{1}{2}(x+4)(x-2)$

Quadratische Gleichungen können aber auch ohne die Lösungsformel gelöst werden. Mittels des Satzes von Vieta können die Lösungen durch Probieren oder genaues Hinsehen gefunden werden.

Satz von Vieta
Jede quadratische Gleichung $ax^2 + bx + c = 0$ kann durch Division durch $a \neq 0$ auf die Form
$\mathbf{x^2 + \frac{b}{a}x + \frac{c}{a} = x^2 + px + q = 0}$
gebracht werden. Sind x_1, x_2 die Lösungen der quadratischen Gleichung $x^2 + px + q = 0$, so gelten:
$\mathbf{x_1 + x_2 = -p}$ und $\mathbf{x_1 \cdot x_2 = q}$

$x^2 + 6x + 8 = 0$, d. h. $p = 6$ und $q = 8$ **Beispiel**
$\Rightarrow \quad x_1 + x_2 = -6$
$\quad\quad x_1 \cdot x_2 = 8$

Die zweite Gleichung verrät, dass die Lösungen entweder beide positiv oder beide negativ sind. Die erste Gleichung besagt dann, dass beide Lösungen negativ sein müssen. Mit diesem Wissen findet man dann leicht die Lösungen -2 und -4.

Eine dritte Möglichkeit, die Lösungen von quadratischen Gleichungen zu bestimmen, stellt die **quadratische Ergänzung** dar. Dies ist ein Verfahren, um ein quadratisches Binom zu erzeugen, aus dem die Lösungen dann direkt abgelesen werden können.

$x^2 - 4x - 5 = 0$ **Beispiel**
$x^2 - 4x + 2^2 = 5 + 2^2$
$\quad (x-2)^2 = 9$
$\quad\quad x - 2 = \pm 3$
$\quad\quad\quad x_{1;2} = 2 \pm 3$
$\quad\quad\quad\quad x_1 = 5; \ x_2 = -1$
$\Rightarrow \quad \mathbb{L} = \{-1; 5\}$

In manchen quadratischen Gleichungen können bestimmte Faktoren ausgeklammert werden. Auf diese Weise ist mindestens eine Lösung meist direkt ablesbar. Oder die Lösungen werden mittels Lösung einfacher linearer Gleichungen gefunden.

$x^2 - 6x = 0$ **Beispiel**
$x(x - 3) = 0$

$2x = 0 \ \Rightarrow \ x = 0$
$x - 3 = 0 \ \Rightarrow \ x = 3$

$\Rightarrow \ \mathbb{L} = \{0; 3\}$

2.11 Logarithmus und Exponentialgleichung

Exponentialgleichungen sind Gleichungen der Form $b^x = a$ mit $b \in \mathbb{R}^+ \setminus \{1\}$ und $a \in \mathbb{R}^+$. Wie der Name schon sagt, handelt es sich um Gleichungen, in denen ein Term mit einem Exponenten auftritt. Genau dieser Exponent ist gesucht!
Für das Lösen von Exponentialgleichungen braucht man neben den bekannten Äquivalenzumformungen einen weiteren Rechenausdruck, den sogenannten **Logarithmus**. Jede Exponentialgleichung der Form $b^x = a$ besitzt eine eindeutige Lösung. Diese Lösung ist $x = \log_b a$, d. h., der Logarithmus von a zur Basis b gibt an, womit man b potenzieren muss, um den Potenzwert a zu erhalten.

> **Logarithmus von a zur Basis b**
> $b^x = a \iff x = \log_b a$

Zur Bestimmung logarithmischer Werte gilt:
$\log_a a = 1$, weil $a^1 = a$
$\log_a 1 = 0$, weil $a^0 = 1$
$\log_a a^n = n$, weil $a^n = a^n$

Die Basis b kann verschiedene Werte annehmen. Spezielle Logarithmen sind:
$\log_{10} a = \lg a$: **Zehnerlogarithmus**
$\log_2 a = \operatorname{ld} a$: **Zweierlogarithmus**
$\log_e a = \ln a$: **natürlicher Logarithmus**

Die Basis e des natürlichen Logarithmus ist die **Euler'sche Zahl** $e = 2{,}7182818\ldots$ Man findet sie auf dem Taschenrechner.

Die einzelnen Logarithmen können über die Basisumrechnung ineinander übergeführt werden.

> **Basisumrechnung**
> $\log_b a = \dfrac{\log_c a}{\log_c b}$

Näherungswerte beliebiger Logarithmen lassen sich mit dem Taschenrechner daher mithilfe der ln- bzw. der lg-Taste über

$\log_b a = \frac{\ln a}{\ln b} = \frac{\lg a}{\lg b}$ bestimmen.

Für das Rechnen mit Logarithmen gibt es wichtige Gesetze.

Rechengesetze für Logarithmen
1. $\log_b(u \cdot v) = \log_b u + \log_b v$
2. $\log_b\left(\frac{u}{v}\right) = \log_b u - \log_b v$
3. $\log_b u^z = z \cdot \log_b u$

Beispiel

1. $\log_x 16 = 4$
   $x^4 = 16 \Rightarrow x = 2$

2. $\log_3 x = 5$
   $x = 3^5 = 243$

3. $2^x = 8$
   $x = \log_2 8 = \log_2 2^3 = 3 \cdot \log_2 2 = 3 \cdot 1 = 3$

4. $5^x = 7$
   $x = \log_5 7 \approx 1,21$

5. $2^{3x-2} = 2$
   $3x - 2 = 1 \qquad |+2$
   $3x = 3 \qquad |:3$
   $x = 1$

6. $\qquad 5^x = 3^{-x+4}$
   $\ln(5^x) = \ln(3^{-x+4})$
   $x \cdot \ln 5 = (-x+4) \cdot \ln 3$
   $x \cdot \ln 5 = -x \cdot \ln 3 + 4\ln 3 \qquad |+x \ln 3$
   $x(\ln 5 + \ln 3) = 4\ln 3 \qquad |:\ln 15$
   $x = \frac{4\ln 3}{\ln 15} \approx 1,62$

3 Funktionen

Wie hängen Preis und Menge zusammen? Allein beim Einkaufen wird man mit dem Zusammenhang zwischen Variablen (Preis, Menge) konfrontiert.
Funktionen sind dazu da, um genau diese Zusammenhänge zu beschreiben.

3.1 Definition der Funktion

Die Definition der Funktion ist die Grundlage für die Beschreibung von Zusammenhängen zwischen Variablen.

> **Funktion**
> Eine **eindeutige** Zuordnung, die jedem Element aus der **Definitionsmenge** $\mathbb{D}_f$ genau ein Element aus der **Wertemenge** W_f zuordnet, heißt **Funktion f**.
>
> Für $x \in \mathbb{D}_f$ und $y \in W_f$ schreibt man f
> - entweder als **Zuordnungsvorschrift:**
>   f: $x \mapsto y$ bzw. $x \mapsto f(x)$, z. B. f: $x \mapsto 2x$
> - oder als **Funktionsgleichung:**
> $y = f(x)$, z. B. $y = f(x) = 2x$
>
> Der **Graph** einer Funktion f ist eine Punktmenge, in der alle Wertepaare $(x|y)$, die sich aus der Zuordnungsvorschrift und der Definitionsmenge ergeben, enthalten sind:
> $\mathbb{G}_f = \{(x|y) \,|\, y = f(x) \text{ mit } x \in \mathbb{D}_f\}$
> x heißt **1. Koordinate**, y heißt **2. Koordinate**.

Eindeutige Zuordnung heißt, dass sich alle Elemente der Funktion im Wert der Variablen x unterscheiden.
Die x-Variable nennt man auch **unabhängige** Variable, die y-Variable dagegen **abhängige** Variable, da man z. B. in einer **Wertetabelle** die x-Werte vorgibt und die y-Werte anhand dieser Vorgabe bestimmt. Falls die Definitionsmenge $\mathbb{D}_f$ eine

unendliche Menge darstellt, wählt man für die Wertetabelle eine endliche Anzahl geeigneter Werte so aus, dass der Graph gezeichnet werden kann. Die Paare $(x\,|\,y) \in f$ kann man in ein rechtwinkliges Koordinatensystem einzeichnen.

3.2 Direkte und indirekte Proportionalität

Eine erste Anwendung finden Funktionen bereits bei einfachen mathematischen Zusammenhängen wie beispielsweise bei der Menge und dem dafür zu zahlenden Preis oder dem Befüllen eines Schwimmbeckens und der Zeit, die man mit einem oder mehreren Rohren braucht.
Solche Zusammenhänge können mithilfe der direkten bzw. der indirekten Proportionalität beschrieben werden.

Direkte Proportionalität

Die Zuordnungsvorschrift einer **direkten Proportionalität** hat die Form $f: x \mapsto m \cdot x$ mit $x \in \mathbb{R}^+$ und einer festen Zahl m. m heißt **Proportionalitätsfaktor**.

Der Graph einer direkten Proportionalität ist eine Menge von Punkten, die im Koordinatensystem auf einer **Halbgeraden** mit dem Nullpunkt als Anfangspunkt liegen.

Beispiel

1 kg Äpfel kostet 1,50 €.
Was kosten 2 kg, 3 kg, 6 kg?
Lösung:
Wertetabelle:

Menge x in kg	1	2	3	6
Preis y in €	1,50	3,00	4,50	9,00

Die Funktionsvorschrift lautet:
$f: x \mapsto 1,5 \cdot x$

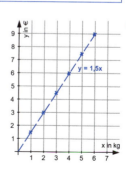

Bei der direkten Proportionalität entspricht das n-Fache der einen Größe dem n-Fachen der anderen Größe.
Die Zahlenpaare (x|y), die zur direkten Proportionalität gehören, sind **quotientengleich**.
$\frac{y}{x} = m$ ist eine **Konstante**, also ein Wert, der sich nicht ändert.

> **Indirekte Proportionalität**
> Die Zuordnungsvorschrift einer **indirekten Proportionalität** hat die Form **f: $x \mapsto \frac{a}{x}$** mit $x \in \mathbb{R}$ und einer festen Zahl a.
>
> Der Graph einer indirekten Proportionalität ist eine Menge von Punkten, die im Koordinatensystem auf einer **Hyperbel** liegen.

Beispiel Wenn ein Rohr zum Füllen eines Schwimmbeckens 6 Stunden benötigt, wie lange brauchen dann 2, 3, 6 Rohre derselben Größe?

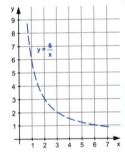

Lösung:
Wertetabelle:

x Rohre	1	2	3	6
y in h	6	3	2	1

Die Funktionsvorschrift lautet:
f: $x \mapsto \frac{6}{x}$

Bei der indirekten Proportionalität entspricht dem n-Fachen der einen Größe der n-te Teil der anderen Größe. Die Zahlenpaare (x|y), die zur indirekten Proportionalität gehören, sind **produktgleich**. $y \cdot x = a$ ist eine **Konstante**.

> **Schlussrechnungen**
> Wenn Größen direkt oder indirekt proportional zueinander sind, so kann man eine gesuchte Größe mithilfe des Schlusses auf die Einheit **(Dreisatz)** erhalten.

Um auf einen 58,5 m hohen Turm zu steigen, muss man 325 gleichartige Stufen hinaufgehen. Nach 200 Stufen befindet sich im Turm eine Plattform. **Beispiel**
Wie hoch liegt diese über dem Ausgangspunkt?

Lösung:

325 Stufen $\triangleq$ 58,5 m   Bedingungssatz

1 Stufe $\triangleq \frac{58,5}{325}$ m   Schluss auf die Einheit

200 Stufen $\triangleq \frac{58,5}{325} \cdot 200$ m = 36 m   Schluss auf die Mehrheit

Die Plattform liegt 36 m hoch.

3.3 Lineare Funktionen

Der einfachste funktionale Zusammenhang zwischen den Variablen x und y ist der einer linearen Funktion, d. h. einer Funktion, deren Graph eine Gerade ist. Alle Eigenschaften linearer Funktionen sind im Folgenden zusammengestellt.

Allgemeine lineare Funktion
Eine allgemeine **lineare Funktion** hat die Zuordnungsvorschrift
$f: x \mapsto m \cdot x + t$ mit $x \in \mathbb{D}$. Ihr Graph ist eine **Gerade**.

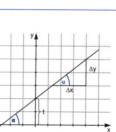

$m = \frac{\Delta y}{\Delta x}$ nennt man **Steigung** der Geraden. Sie kann auch als $m = \tan \alpha$ berechnet werden.
Die Steigung m gibt an, um wie viele Schritte der y-Wert steigt, wenn der x-Wert um 1 zunimmt.

t nennt man **y-Achsenabschnitt**. Dieser beschreibt den Schnittpunkt der Geraden mit der y-Achse. Er hat die Koordinaten (0|t).

Beispiel $y = f(x) = \frac{1}{2}x + 2$, $\mathbb{D} = \mathbb{R}$

$\Rightarrow$ $m = \frac{1}{2}$ und $t = 2$

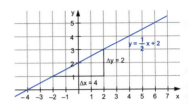

Je steiler die Gerade, desto größer wird Δy bei gleichem Δx, die Steigung m nimmt also zu.

Die Graphen linearer Funktionen mit y-Achsenabschnitt $t = 0$ nennt man **Ursprungsgeraden**, sie verlaufen durch den Ursprung $(0|0)$.

Beispiel Die direkte Proportionalität ist eine solche Funktion $f(x) = mx$, wobei die Definitionsmenge eine Teilmenge von $\mathbb{R}_0^+$ ist.

Jede Gleichung $ax + by + c = 0$ mit $b \neq 0$ stellt die Gleichung einer Geraden dar. Es gilt dann:

$by = -ax - c \Rightarrow y = -\frac{a}{b}x - \frac{c}{b} = mx + t$,

wobei m als $-\frac{a}{b}$ und t als $-\frac{c}{b}$ definiert wurden.

Alle Geraden mit der gleichen Steigung m sind parallel, d. h., sie bilden eine **Parallelenschar**.

Beispiel Zeichne für $x \in \mathbb{R}$ die Geraden mit den Gleichungen

$y = -\frac{1}{2}x - 2$,

$y = -\frac{1}{2}x - \frac{1}{2}$,

$y = -\frac{1}{2}x + 3$.

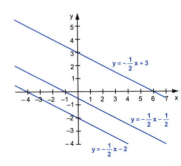

Alle Geraden mit einem gemeinsamen y-Abschnitt t bilden ein
Geradenbüschel mit dem Trägerpunkt $(0|t)$.

Zeichne für $x \in \mathbb{R}$ die
Geraden mit den Gleichungen
$y = \frac{1}{2}x + 2$,
$y = 3x + 2$,
$y = -2x + 2$,
$y = -x + 2$.

Beispiel

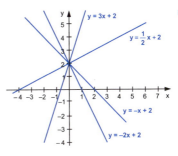

Liegt ein Punkt auf dem Graphen einer Funktion, dann erfüllen
seine Koordinaten die Funktionsgleichung.

Liegt der Punkt $A(1|-1)$ auf der Geraden mit der Gleichung
g: $y = -3x + 2$, $\mathbb{D} = \mathbb{R}$?

Beispiel

Lösung:
A in g: $-1 = -3 \cdot 1 + 2$ wahr $\Rightarrow$ A liegt auf g.

Durch zwei Punkte A und B ist eine Gerade eindeutig festgelegt.
Die Gleichung der Geraden wird über die Bestimmung von
$m = \frac{\Delta y}{\Delta x}$ und die Berechnung von t gewonnen.

Bestimme die Gleichung der Geraden g durch die Punkte
$A(-1|2)$ und $B(2|8)$.

Beispiel

Lösung:
$m = \frac{\Delta y}{\Delta x} = \frac{8-2}{2+1} = \frac{6}{3} = 2$, $y = 2x + t$

A (oder B) einsetzen: $2 = -2 + t \Rightarrow t = 4 \Rightarrow$ g: $y = 2x + 4$

Falls man die Steigung bestimmt hat, kann man zum Aufstellen
der Geraden g auch die Form **g: $y = m \cdot (x - x_0) + y_0$** verwenden,
wobei x_0 und y_0 die Koordinaten eines Punktes auf der Geraden
sind. Im Beispiel gilt: $y = 2 \cdot (x + 1) + 2 = 2x + 2 + 2 = 2x + 4$

Eine **Parallele zur x-Achse** hat die Gleichung **y = t**, denn die x-Achse hat die Gleichung y = 0.

Beispiel Zeichne die Gerade mit der Gleichung y = 2.

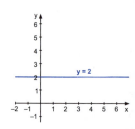

Eine **Parallele zur y-Achse** hat die Gleichung **x = c**. Sie stellt keine Funktion dar, da zum x-Wert c unendlich viele y-Werte gehören. Die y-Achse hat die Gleichung x = 0.

Beispiel Zeichne die Gerade mit der Gleichung x = 3.

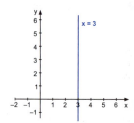

Der Schnittpunkt einer beliebigen Geraden mit der y-Achse ist für x = 0 der Punkt T(0 | t).
Die Bestimmung des Schnittpunktes einer Geraden mit der x-Achse führt zu einer linearen Gleichung. Der x-Wert des Schnittpunkts heißt **Nullstelle** und der Schnittpunkt wird meist als **N(x | 0)** geschrieben.

Beispiel In welchem Punkt schneidet die Gerade mit der Gleichung y = 2x + 4, x ∈ ℝ die x-Achse?

Lösung:
2x + 4 = 0 ⇒ x = −2 ⇒ N(−2 | 0)

Man erhält ebenfalls eine lineare Gleichung, wenn man zwei Geraden miteinander schneidet.

> **Bestimmung des Schnittpunkts ($x_s | y_s$) zweier Geraden**
> 1. Gleichsetzen der beiden rechten Seiten der Funktionsgleichungen
> 2. Entstandene Gleichung nach x_s auflösen
> 3. x_s in eine der beiden Funktionsgleichungen einsetzen und y_s ausrechnen

In welchem Punkt S schneiden sich die Geraden h: $y = x - 1$ **Beispiel**
und g: $y = -\frac{1}{2}x + 2$?

Lösung:
$$-\frac{1}{2}x + 2 = x - 1 \quad |+\tfrac{1}{2}x + 1$$
$$3 = \tfrac{3}{2}x \quad |\cdot \tfrac{2}{3}$$
$$x = 2$$
in g: $y = -1 + 2 = 1$
oder in h: $y = 2 - 1 = 1 \;\Rightarrow\; S(2|1)$

Ein lineares Gleichungssystem mit zwei Gleichungen und zwei Unbekannten kann auch grafisch gelöst werden. Jede Gleichung des Systems hat als grafische Lösung eine Gerade. Dazu müssen die Gleichungen alle nach derselben Variablen aufgelöst werden. Die **Schnittpunkte der Geraden** sind die Lösungen des Gleichungssystems.

> **Grafische Lösung eines linearen Gleichungssystems**
> Das Gleichungssytem hat
> - **genau eine Lösung**, wenn sich die Geraden genau in einem gemeinsamen Punkt schneiden.
> - **unendlich viele Lösungen**, wenn die beiden Geraden identisch sind, also aufeinanderliegen.
> - **keine Lösung**, wenn die Geraden parallel sind (gleiche Steigung, unterschiedlicher y-Achsenabschnitt).

Beispiel Bestimme die Lösungsmenge $\mathbb{L}$ des folgenden Gleichungssystems:

(1) $x - 2y = -2$
(2) $2x - y = 5$

Lösung:
(1) $y = \frac{1}{2}x + 1$
(2) $y = 2x - 5$

Die Geraden schneiden sich im Punkt S(4|3).
$\Rightarrow \mathbb{L} = \{(4|3)\}$

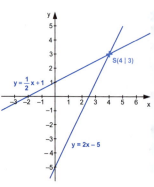

Ein Spezialfall der linearen Funktionen ist die **Betragsfunktion**. Die allgemeine Funktion des absoluten Betrags ist eine abschnittsweise definierte Funktion, deren Graph sich aus zwei Halbgeraden zusammensetzt und eine **Spitze** besitzt.

Beispiel 1. $y = f(x) = |x|$

$= \begin{cases} x & \text{für } x \geq 0 \\ -x & \text{für } x < 0 \end{cases}$

Spitze in $x = 0$

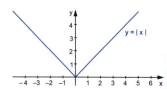

2. $y = f(x) = |2x - 4| + 1$

$= \begin{cases} 2x - 4 + 1 & \text{für } x \geq 2 \\ -2x + 4 + 1 & \text{für } x < 2 \end{cases}$

$= \begin{cases} 2x - 3 & \text{für } x \geq 2 \\ -2x + 5 & \text{für } x < 2 \end{cases}$

Spitze in $x = 2$

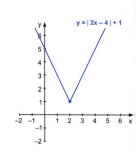

3.4 Elementare gebrochen-rationale Funktionen

Die Funktion der indirekten Proportionalität $y = f(x) = \frac{a}{x}$ ist die einfachste gebrochen-rationale Funktion. Allgemein wird definiert:

Gebrochen-rationale Funktion
Funktionen, deren Funktionsterm ein Bruchterm mit Variablen im Nenner ist, heißt **gebrochen-rationale Funktion**.
Eine gebrochen-rationale Funktion ist nicht definiert für alle x-Werte, die den Nenner zu null machen, d. h., die **Definitionsmenge** $\mathbb{D}$ ist $\mathbb{Q}$ ohne diese Werte. x-Werte, die aus der Grundmenge $\mathbb{Q}$ herausgenommen werden müssen, heißen **Definitionslücken**.

Beispiel

1. $y = f(x) = \frac{5}{x+2} \Rightarrow \mathbb{D} = \mathbb{Q} \setminus \{-2\}$

2. $y = f(x) = \frac{x^2 + 1}{x^2 + 2} \Rightarrow \mathbb{D} = \mathbb{Q}$

Asymptoten, Polstellen und Graph
Eine Gerade, an die sich der Graph einer Funktion beliebig genau annähert, heißt **Asymptote** des Funktionsgraphen.
Unterschieden wird:
- **waagrechte Asymptote:** Diese Asymptote ist parallel zur x-Achse mit der Gleichung $y = a$.
- **senkrechte Asymptote:** Diese Asymptote ist parallel zur y-Achse mit der Gleichung $x = b$. Senkrechte Asymptoten sind keine Funktionsgraphen. $x = b$ heißt auch **Polstelle**.

Graph: Zum Zeichnen des Funktionsgraphen werden die Schnittpunkte mit den Koordinatenachsen sowie die Gleichungen der Asymptoten berechnet und eine **Wertetabelle** erstellt. Die Asymptoten werden gestrichelt eingezeichnet.

Beispiel $y = f(x) = \frac{x-2}{x-1} \Rightarrow \mathbb{D} = \mathbb{Q} \setminus \{1\}$

An der Stelle $x = 1$ liegt eine Polstelle (senkrechte Asymptote) vor.

Wegen $y = \frac{1 - \frac{2}{x}}{1 - \frac{1}{x}}$ geht y gegen 1, wenn x beliebig große oder kleine Werte annimmt, d. h., $y = 1$ ist waagrechte Asymptote.

Schnittpunkte mit den Koordinatenachsen:
x-Achse: $y = 0$: $x = 2 \Rightarrow N(2|0)$
y-Achse: $x = 0$: $y = 2 \Rightarrow T(0|2)$

Wertetabelle:

x	–2	–1	0	0,5	1,5	2	3	4
y	1,33	1,5	2	3	–1	0	0,5	0,67

Graph:

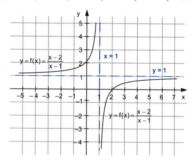

Es gibt so viele Arten gebrochen-rationaler Funktionen, dass man aus der Gleichung nicht sofort auf den Verlauf des Graphen schließen kann, d. h., man muss in jedem Fall die Funktion schrittweise „diskutieren".

> **Bestimmung der Schnittpunkte der Graphen zweier gebrochen-rationaler Funktionen**
> 1. Gleichsetzen der beiden Funktionsterme
> 2. Auflösen der entstehenden Gleichung nach x
> 3. Einsetzen der x-Lösung in eine der beiden Funktionsgleichungen zur Bestimmung des y-Wertes

Beispiel

Bestimme den Schnittpunkt der Funktionsgraphen der gebrochen-rationalen Funktionen

$y = f_1(x) = \frac{1-x}{x}$ und $y = f_2(x) = \frac{3-x}{x-1}$.

Lösung:
Es gilt: $\mathbb{D}_1 = \mathbb{Q} \setminus \{0\}, \mathbb{D}_2 = \mathbb{Q} \setminus \{1\}$

$$\frac{1-x}{x} = \frac{3-x}{x-1} \quad |\cdot x(x-1)$$
$$x - x^2 - 1 + x = 3x - x^2 \quad |+x^2$$
$$2x - 1 = 3x \quad |-2x$$
$$x = -1$$

in f_1: $y = -2 \Rightarrow S(-1|-2)$

Grafisch:

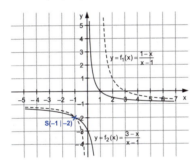

3.5 Quadratische Funktionen und Parabeln

Zu jeder quadratischen Gleichung gehört eine quadratische Funktion.

Allgemeine quadratische Funktion
Eine **quadratische Funktion** hat die Funktionsvorschrift
$f: x \mapsto ax^2 + bx + c$ mit a, b, c $\in \mathbb{R}$, a $\neq$ 0.
Der Graph einer quadratischen Funktion heißt **Parabel**.

Eine Parabel kann mittels einer Wertetabelle gezeichnet werden.

Beispiel $y = x^2 - 2x - 1$

Wertetabelle:

x	–2	–1	0	1	2	3	4
y	7	2	–1	–2	–1	2	7

Graph:

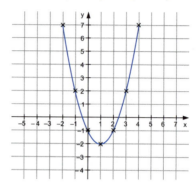

Neben der allgemeinen Form besitzt jede quadratische Funktion eine weitere Darstellung, die sogenannte Scheitelform. Diese lässt sich aus der allgemeinen Form mittels quadratischer Ergänzung herleiten.

Scheitelform

Jede allgemeine quadratische Funktion $y = ax^2 + bx + c$ lässt sich in der **Scheitelform $y = a(x - s_1)^2 + s_2$** mit dem Scheitel $S(s_1 | s_2)$ darstellen.

Koordinaten des Scheitels: $s_1 = -\frac{b}{2a}$; $s_2 = \frac{4ac - b^2}{4a}$

Beispiel Bringe die Parabel mit der Gleichung $y = x^2 + 4x + 5$ auf die Scheitelform und bestimme die Koordinaten des Scheitels.

Lösung:
$y = x^2 + 4x + 5 = (x^2 + 4x \boxed{+4}) + 5\boxed{-4} = (x + 2)^2 + 1$
$\Rightarrow$ Scheitel $S(-2 | 1)$

Die Graphen der allgemeinen quadratischen Funktionen haben gemeinsame Punkte mit den Koordinatenachsen.

> **Schnittpunkte mit den Koordinatenachsen**
> - Die Graphen der allgemeinen quadratischen Funktion schneiden die **y-Achse** im Punkt **T(0|c)**. Für die Bestimmung dieses Schnittpunkts setzt man die x-Koordinate gleich null **(x = 0)**.
> - Um die Schnittpunkte mit der **x-Achse** zu bestimmen, setzt man die Funktion gleich null **(y = 0)**. Dies führt auf eine quadratische Gleichung, die beispielsweise mithilfe der Lösungsformel gelöst werden kann. Die Schnittpunkte mit der x-Achse werden als $N_1(x_1|0)$ und $N_2(x_2|0)$ geschrieben, wobei die x-Werte Nullstellen heißen. Je nach Lage der Parabel hat der Graph **zwei, eine oder keine Nullstellen**.

Beispiel

Bestimme die Schnittpunkte der Parabel $y = \frac{1}{2}x^2 - \frac{1}{2}x - 3$ mit den Koordinatenachsen.

Lösung:
Schnittpunkt mit y-Achse (x = 0):
$y = -3 \Rightarrow T(0|-3)$
Schnittpunkte mit x-Achse (y = 0):
$\frac{1}{2}x^2 - \frac{1}{2}x - 3 = 0$

$x_{1;2} = \frac{1}{2 \cdot \frac{1}{2}}\left(\frac{1}{2} \pm \sqrt{\frac{1}{4} + 6}\right) = \frac{1}{2} \pm \frac{5}{2}$

$x_1 = -2$ und $x_2 = 3$
$\Rightarrow N_1(-2|0)$ und $N_2(3|0)$

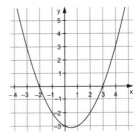

Der **Schnitt zweier quadratischer Funktionen** führt auf eine quadratische Gleichung. Ihre Lösung verrät, ob sich die Parabeln in zwei, in einem oder in keinem Punkt schneiden.

Beispiel

In welchen Punkten schneiden sich die Graphen der Parabeln $y = x^2 - 4x + 5$ und $y = -\frac{1}{2}x^2 + 2x + \frac{1}{2}$?

Lösung:
$$x^2 - 4x + 5 = -\tfrac{1}{2}x^2 + 2x + \tfrac{1}{2}$$
$$\tfrac{3}{2}x^2 - 6x + 4{,}5 = 0 \qquad |\cdot 2$$
$$3x^2 - 12x + 9 = 0 \qquad |:3$$
$$x^2 - 4x + 3 = 0$$
$$x_{1;2} = \tfrac{1}{2}(4 \pm \sqrt{16-12})$$
$$\phantom{x_{1;2}} = \tfrac{1}{2}(4 \pm 2)$$

$x_1 = 1 \;\Rightarrow\; y = 2 \;\Rightarrow\; S_1(1|2)$
$x_2 = 3 \;\Rightarrow\; y = 2 \;\Rightarrow\; S_2(3|2)$

Zugehörige Graphen:

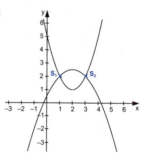

Besondere Graphen quadratischer Funktionen sind die Normalparabeln.

Normalparabel

Die Funktion, die durch die Funktionsvorschrift **f: $x \mapsto x^2$**, $\mathbb{D} = \mathbb{R}$ erzeugt wird, heißt **Quadratfunktion**, ihr Graph heißt **Normalparabel** und ist symmetrisch zur y-Achse. Der tiefste Punkt $S(0|0)$ ist der Scheitel der Parabel.

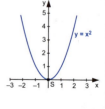

Zum Zeichnen der Normalparabel kann eine **Schablone** verwendet werden.

Die Normalparabel kann im Koordinatensystem „wandern".

> **Verschiebung der Normalparabel in x- und y-Richtung**
> - Mittels der Zuordnungsvorschrift f: $x \mapsto x^2 + d$ erfolgt eine Verschiebung der Normalparabel in **y-Richtung**.
> $d > 0$ um d nach oben verschobene Normalparabel
> $d < 0$ um d nach unten verschobene Normalparabel
>   Der Scheitel der Parabel liegt in $S(0|d)$.
>   Parabeln dieser Art sind achsensymmetrisch zur y-Achse.
> - Mittels der Zuordnungsvorschrift f: $x \mapsto (x+c)^2$ erfolgt eine Verschiebung der Normalparabel in **x-Richtung**.
> $c > 0$ um c nach links verschobene Normalparabel
> $c < 0$ um c nach rechts verschobene Normalparabel
>   Der Scheitel der Parabel liegt in $S(-c|0)$.

Beachte, dass das Verschieben nach rechts/links nicht intuitiv ist.

Beispiel Zeichne die Graphen der Funktionen $y = x^2 + 2$ und $y = x^2 - 1$ im Vergleich mit der Normalparabel $y = x^2$ und erkläre, wie du vorgegangen bist. Gehe genauso für die Graphen $y = (x+2)^2$ und $y = (x-3)^2$ vor.

Lösung:
Zugehörige Graphen:

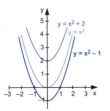 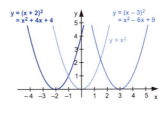

Der Graph zu $y = x^2 - 1$ entsteht durch Verschieben der Normalparabel um 1 nach unten. Der Graph zu $y = x^2 + 2$ entsteht durch Verschieben der Normalparabel um 2 nach oben.
Der Graph zu $y = (x+2)^2$ wird um 2 Einheiten nach links verschoben, der Graph zu $y = (x-3)^2$ hingegen um 3 nach rechts.

Die Normalparabel kann auch in beide Richtungen gleichzeitig, also sowohl in x- als auch in y-Richtung, verschoben sein.

Beispiel Zeichne die Graphen der Funktionen $y = (x-2)^2 + 1$ und $y = (x+3)^2 - 1$ im Vergleich mit der Normalparabel $y = x^2$.

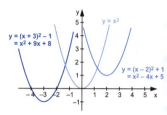

Die Normalparabel zeichnet sich durch den Faktor 1 vor dem x^2 aus. Er besagt unter anderem, dass die Normalparabel eine nach oben geöffnete Parabel ist. Nicht alle Parabeln sind nach oben geöffnet, es lassen sich auch nicht alle mit der Schablone zeichnen.

> **Öffnung und Form der Parabel**
> Der Faktor a in der Zuordnungsvorschrift f: $x \mapsto \mathbf{a}x^2$ gibt Auskunft darüber, nach welcher Seite die Parabel geöffnet und wie ihre Form im Vergleich zur Normalparabel ist.
> a > 0: Parabel nach **oben** geöffnet
> a < 0: Parabel nach **unten** geöffnet
> $|a| > 1$: Parabel ist **„enger"** als die Normalparabel
> $0 < |a| < 1$: Parabel ist **„weiter"** als die Normalparabel

Beispiel Zeichne die Graphen der Funktionen $y = \frac{1}{2}x^2$, $y = 3x^2$, $y = -\frac{1}{2}x^2$ und $y = -3x^2$ im Vergleich mit der Normalparabel $y = x^2$.

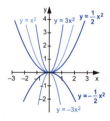

Bei Problemen aus den verschiedensten Gebieten der Mathematik und des täglichen Lebens wird danach gefragt, wann eine Größe **extremal**, d. h. möglichst groß bzw. möglichst klein wird. Wenn das Problem mithilfe einer quadratischen Funktion gelöst werden kann, spricht man von **quadratischer Optimierung**. Die Lösung von solchen Problemen erfolgt über die Scheitelpunktsbestimmung.

Lösen von Extremwertaufgaben
1. Lies den Angabentext genau und ordne die Größen zu.
2. Stelle die Gleichungen auf, die die Zusammenhänge zwischen den Größen beschreiben.
3. Stelle eine quadratische Funktion auf.
4. Bringe die Funktion auf Scheitelform.
5. Lies den Scheitelpunkt, also den Extremwert, ab.

Beispiel

1. Von den Ecken des Rechtecks aus werden jeweils die Strecken x abgetragen, sodass ein Parallelogramm EFGH entsteht. Bestimme denjenigen Wert von x, für den der Flächeninhalt A des Parallelogramms den kleinsten Wert annimmt. Wie groß ist dieser kleinste Flächeninhalt?

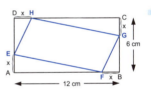

Lösung:
Der Flächeninhalt A des Parallelogramms ergibt sich als Flächendifferenz des Rechtecks und der vier um das Parallelogramm liegenden Dreiecke. Die einzig unbekannte Größe ist x. Drückt man den Flächeninhalt A direkt in Abhängigkeit von x aus, so erhält man sofort die quadratische Funktion:

$$A(x) = 6 \cdot 12 - 2 \cdot \tfrac{1}{2} \cdot (12-x) \cdot x - 2 \cdot \tfrac{1}{2} \cdot (6-x) \cdot x$$
$$= 72 - 12x + x^2 - 6x + x^2$$
$$= 2x^2 - 18x + 72$$

Umrechnung in Scheitelpunktform:
$$A(x) = 2(x^2 - 9x + 4{,}5^2) + 72 - 2 \cdot 4{,}5^2 = 2(x-4{,}5)^2 + 31{,}5$$

Der Flächeninhalt des Parallelogramms wird für x = 4,5 cm minimal. Er beträgt in diesem Fall $A_{min} = 31,5$ cm².
Der Scheitel der nach oben geöffneten Parabel ist der tiefste Punkt **(= Minimum)**.

2. Ein Kabarett hat bei einem Eintrittspreis von 8 € durchschnittlich 300 Besucher. Würde man den Eintrittspreis um x € erhöhen, ginge diese Besucherzahl um 20 · x Personen zurück.
Bei welcher Erhöhung sind die Einnahmen E am höchsten?

Lösung:
Neuer Preis: p = 8 + x
Neue Besucherzahl: b = 300 – 20x
Einnahmen: E = p · b

Einsetzen von p und b liefert:
$$\begin{aligned} E(x) &= (8+x) \cdot (300-20x) \\ &= 2\,400 - 160x + 300x - 20x^2 \\ &= -20x^2 + 140x + 2\,400 \\ &= -20(x^2 - 7x + 3,5^2) + 2\,400 + 20 \cdot 3,5^2 \\ &= -20(x-3,5)^2 + 2\,645 \end{aligned}$$

Bei einer Erhöhung um 3,50 € sind die Einnahmen am größten, sie liegen dann bei 2 645 €. Der Scheitel der nach unten geöffneten Parabel ist der höchste Punkt **(= Maximum)**.

3.6 Exponentialfunktion

Der Name Exponentialfunktion bestimmt bereits die Zuordnungsvorschrift, denn in ihr kommt die unabhängige Variable x als Exponent vor.

> **Exponentialfunktion**
> Die Funktion, die durch die Zuordnung **f: x ↦ a^x**, a ∈ ℝ⁺, $\mathbb{D} = \mathbb{R}$ erzeugt wird, heißt **Exponentialfunktion** zur Basis a.

Beispiel Zeichne die Graphen der Funktionen mit $y = 1,5^x$, $y = 1^x$ und $y = \left(\frac{1}{2}\right)^x$.

Lösung:

x	–2	–1,5	–1	–0,5	0	0,5	1	1,5	2
$1,5^x$	0,44	0,54	0,67	0,82	1	1,22	1,5	1,84	2,25
$\left(\frac{1}{2}\right)^x$	4	2,83	2	1,41	1	0,71	0,5	0,35	0,25

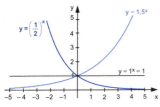

Eigenschaften der Exponentialfunktion
- Der Graph verläuft stets oberhalb der x-Achse (keine Nullstellen!), d. h. Wertemenge $W = \mathbb{R}^+$.
- $P(0|1)$ liegt auf allen Graphen, da $a^0 = 1$.
- Für $a > 1$ steigt der Graph streng monoton.
- Für $0 < a < 1$ fällt der Graph streng monoton.
- Die x-Achse ist immer waagrechte Asymptote.

Streng monoton bedeutet, dass im Graphen keine waagrechten Stellen vorhanden sind.

Allgemeine Exponentialfunktion
Funktionen, die durch die Zuordnung $f: x \mapsto b \cdot a^x$, $a \in \mathbb{R}^+$, $b \in \mathbb{R}^+ \setminus \{0\}$ und $\mathbb{D} = \mathbb{R}$ erzeugt werden, heißen **allgemeine Exponentialfunktionen** zur Basis a.

Eigenschaften:
- Der Graph schneidet die y-Achse im Punkt $(0|b)$.
- Für $|b| > 1$ verläuft der Graph steiler, für $0 < |b| < 1$ verläuft der Graph flacher als die Funktion $y = a^x$.
- Der Graph von $f: x \mapsto -b \cdot a^x$ geht durch Spiegelung an der x-Achse aus dem Graphen von $f: x \mapsto b \cdot a^x$ hervor.

Beispiel
1. Zeichne den Graphen der Funktion $y = 3 \cdot 1{,}5^x$.

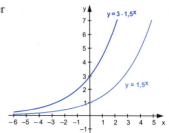

2. Zeichne den Graphen der Funktion $y = -4 \cdot 1{,}6^x$.

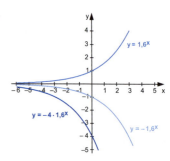

3.7 Lineares und exponentielles Wachstum

Größen können auf verschiedene Weisen wachsen oder abnehmen. Viele in der Natur oder in der Wirtschaft auftretende Wachstums- und Abnahmeprozesse (Bevölkerungswachstum, radioaktiver Zerfall) sind von großem Interesse und können oft schon mit linearen Funktionen beschrieben werden.

Unterschieden wird im Folgenden zwischen linearem und exponentiellem Wachstum.

Ein Wachstum mit konstantem Zuwachs (konstanter Abnahme) in gleichen Zeitspannen heißt lineares Wachstum.

Lineares Wachstum

Lineares Wachstum wird mit der Funktionsgleichung
$y = b + a \cdot x$ beschrieben.
- **b** heißt **Anfangswert**.
- **a** gibt die **konstante Änderung** an.
- **x** ist die **Anzahl der Änderungen**.

Ist $a > 0$, so spricht man von einer **linearen Zunahme**.
Ist $a < 0$, so spricht man von einer **linearen Abnahme**.

Beispiel

1. Für eine Dienstleistung muss man eine Grundgebühr von 100 € sowie für jede wöchentlich wiederkehrende Inanspruchnahme weitere 20 € zahlen.
   Welche Kosten entstehen insgesamt, wenn die Dienstleistung nach 5 Wochen beendet ist?

   Lösung:
   Es gilt: $b = 100$
   $a = 20$
   Daraus folgt:
   $y = 100 + 20 \cdot x$
   Nach 5 Wochen ($x = 5$):
   $y = 100 + 20 \cdot 5 = 200$

   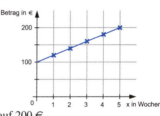

   Die Kosten belaufen sich auf 200 €.

2. Ein Öltanker hat noch 250 t Öl in seinen Tanks. Mithilfe von Saugrohren, die pro Stunde 60 t Öl absaugen können, wird der Tanker entleert.
   Zeichne den Graphen des Entleerungsvorgangs und gib an, nach welcher Zeit er vollständig entleert ist.

   Lösung:
   Graph:
   siehe rechts

   Entleerungszeit:
   $t = \frac{250}{60}$ h $= 4\frac{1}{6}$ h $= 4$ h 10 min

   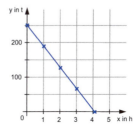

Funktionen

Viele Wachstums- bzw. Abnahmeprozesse sind keine linearen Vorgänge. Einige von ihnen sind exponentiell.
Ein Wachstum mit konstantem Wachstumsfaktor (konstantem Abnahmefaktor) in gleichen Zeitspannen heißt exponentielles Wachstum.

> **Exponentielles Wachstum**
> Exponentielles Wachstum wird mit der Funktionsgleichung
> $y = b \cdot a^x$ beschrieben.
> - **b** heißt **Anfangswert** (für x = 0).
> - **a** heißt **konstanter Wachstumsfaktor**.
> - **x** ist die **Anzahl der Änderungen**.
>
> Ist $a > 1$, so spricht man von einer **exponentiellen Zunahme**.
> Ist $0 < a < 1$, so spricht man von einer **exponentiellen Abnahme**.

Beispiel 1. Eine Bakterienkultur wächst pro Tag um 40 %. Heute sind 2 000 Bakterien vorhanden.
Wie viele Bakterien sind es nach 1, 2, 3, 4 bzw. 5 Tagen, wenn man einen täglichen Zuwachs betrachtet?

Lösung:
Es handelt sich hier um eine exponentielle Zunahme mit
$a = 1 + \frac{40}{100} = 1 + 0,4 = 1,4$
und b = 2 000.
Für die Funktionsvorschrift folgt:
$y(x) = 2\,000 \cdot 1,4^x$

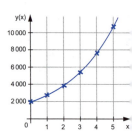

Bakterienanzahlen:
$y(1) = 2\,000 \cdot 1,4 = 2\,800$
$y(2) = 2\,000 \cdot 1,4^2 = 3\,920$
$y(3) = 2\,000 \cdot 1,4^3 = 5\,488$
$y(4) = 2\,000 \cdot 1,4^4 = 7\,683$
$y(5) = 2\,000 \cdot 1,4^5 = 10\,756$

2. Ein radioaktiver Stoff X zerfällt so, dass pro Tag etwa $\frac{1}{6}$ aller vorhandener Kerne zerfallen sind.
   a) Heute ist noch 1 000 g X vorhanden. Wie viel g sind von diesem einen kg nach n Tagen (n = 1, 2, 3, 4, 5, 6) noch vorhanden?
   b) Die Zeit T, in der genau die Hälfte aller Kerne zerfallen ist, heißt **Halbwertszeit T**. Bestimme die Halbwertszeit von X.

Lösung:
a)

Tage	1	2	3	4	5	6
Anteil	$\left(\frac{5}{6}\right)^1$	$\left(\frac{5}{6}\right)^2$	$\left(\frac{5}{6}\right)^3$	$\left(\frac{5}{6}\right)^4$	$\left(\frac{5}{6}\right)^5$	$\left(\frac{5}{6}\right)^6$
Menge in g	833	694	579	482	402	335

$\Rightarrow y(x) = 1\,000 \cdot \left(\frac{5}{6}\right)^x$.

Graph:

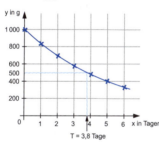

T = 3,8 Tage

b) Die grafische Lösung (siehe Teilaufgabe a) gibt bereits einen Hinweis darauf, dass der gesuchte Wert bei etwa 4 Tagen liegt.
Rechnerisch:

$1000\left(\frac{5}{6}\right)^T = 500 \qquad |:1000, \lg$

$T \cdot \lg \frac{5}{6} = \lg \frac{1}{2}$

$T = \frac{\lg \frac{1}{2}}{\lg \frac{5}{6}} = 3,8$ Tage

Nach 3,8 Tagen ist die Hälfte der ursprünglich vorhandenen Menge, d. h. 500 g, zerfallen.

Oft wird das Wachstum durch die prozentuale Änderung pro Schritt angegeben. Dann ist zunächst nach dem Wachstumsfaktor gesucht.

> **Bestimmung des Wachstumsfaktors**
> - Bleibt der Startwert unverändert, so ist a = 1: $\mathbf{y = b \cdot 1^x}$
> - Liegt eine Zunahme vor, kommt pro Schritt zum Startwert noch ein bestimmter prozentualer Anteil p des Startwerts hinzu: $\mathbf{y_x = b \cdot (1+p)^x}$
> - Liegt eine Abnahme vor, wird der Startwert pro Schritt um einen bestimmten prozentualen Anteil p des Startwerts kleiner: $\mathbf{y_x = b \cdot (1-p)^x}$

Beispiel Ein Kapital von 20 000 € wird mit 5 % verzinst.
Wie lautet das Wachstumsgesetz, wenn die Zinsen jedes Jahr dem Kapital zugeschlagen werden?

Lösung:

Wachstumsfaktor: $1 + p = 1 + \frac{5}{100} = 1{,}05$

Kapital nach x Jahren, d. h. Wachstumsgesetz:
$y = 20\,000\,€ \cdot 1{,}05^x$

Ist man an **vorgehenden Werten** interessiert, so setzt man für die Anzahl der Änderungen einen negativen Wert ein.

Beispiel Ein radioaktiver Stoff X zerfällt so, dass pro Tag etwa $\frac{1}{6}$ aller vorhandenen Kerne zerfallen sind. Heute ist noch 1 kg von X vorhanden.
Wie viele kg waren es vor drei Tagen?

Lösung:
Um den Wert vor x vergangenen Tagen zu erhalten, verwendet man das „Wachstumsgesetz" in der Form $y = 1\,\text{kg} \cdot \left(\frac{5}{6}\right)^{-x}$,
d. h., vor drei Tagen waren noch

$y = 1\,\text{kg} \cdot \left(\frac{5}{6}\right)^{-3} = \left(\frac{6}{5}\right)^3 \text{kg} = \frac{216}{125}\,\text{kg} = 1{,}728\,\text{kg}$

vorhanden.

3.8 Ganzrationale Funktionen

Ganzrationale Funktionen bilden die wichtigste Klasse von Funktionen, da diese in ganz $\mathbb{R}$ definiert sind und damit keine Definitionslücken besitzen. Sie setzen sich aus lauter Potenzfunktionen mit natürlichem Exponenten zusammen.

> **Potenzfunktion mit natürlichem Exponenten**
> Jede Funktion **f**: $x \mapsto a \cdot x^n$ mit $\mathbb{D}_f = \mathbb{R}$, $n \in \mathbb{N}$ und $a \in \mathbb{R} \setminus \{0\}$ heißt **Potenzfunktion n-ten Grades**. Ihr Graph heißt Parabel n-ter Ordnung.
>
> Falls $a > 0$ ist, gilt:
> - Ist **n gerade**, so
>   - ist $W = \mathbb{R}_0^+$,
>   - ist der Graph symmetrisch zur y-Achse,
>   - verläuft der Graph durch den I. und II. Quadranten.
>
>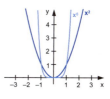
>
> - Ist **n ungerade**, so
>   - ist $W = \mathbb{R}$,
>   - ist der Graph punktsymmetrisch zum Ursprung,
>   - verläuft der Graph durch den I. und III. Quadranten.
>
>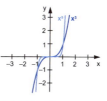

Beispiel

Bestimme die Koordinaten y_1 und x_2 in den Punkten $P_1(2 | y_1)$ und $P_2(x_2 | 0,5)$ so, dass diese auf dem Graphen der Funktion $f(x) = 4x^3$ liegen.

Lösung:
Bestimmung von y_1:
$f(2) = 4 \cdot 2^3 = 4 \cdot 8 = 32$
$\Rightarrow P_1(2 | 32)$

Berechnung von x_2:
$4x^3 = 0,5 \Rightarrow x^3 = 0,125 \Rightarrow x = 0,5$
$\Rightarrow P_2(0,5 | 0,5)$

Verbindet man die Terme unterschiedlicher Potenzfunktionen additiv, so erhält man eine Funktion, die als ganzrationale Funktion bezeichnet wird.

> **Ganzrationale Funktion**
> Eine Funktion heißt **ganzrationale Funktion n-ten Grades**, wenn sie sich als Polynom in x, d. h. in der Form
> $f: x \mapsto a_n x^n + a_{n-1} x^{n-1} + \ldots + a_2 x^2 + a_1 x + a_0$ mit $D_f = \mathbb{R}$, $n \in \mathbb{N}$, $a_i \in \mathbb{R}$ und $a_n \neq 0$, schreiben lässt.

Beispiel

1. $f(x) = \sqrt{5} x^6 + 3x + 4$ ganzrationale Funktion 6. Grades

2. $f(x) = 2x^3 + 3x^2 - 2$ ganzrationale Funktion 3. Grades

3. $f(x) = 2x^2 - x - 6$ ganzrationale Funktion 2. Grades (quadratische Funktion)

4. $f(x) = -x + 1$ ganzrationale Funktion 1. Grades (lineare Funktion)

5. $f(x) = 2$ ganzrationale Funktion 0. Grades (Parallele zur x-Achse)

Um den Verlauf des Graphen einer ganzrationalen Funktion näher kennenzulernen, werden die folgenden Untersuchungen vorgenommen:

> **Schnittpunkte mit den Koordinatenachsen**
> - Schnittpunkt mit der y-Achse: Lösen von $x = 0$
> - Schnittpunkt mit der x-Achse: Lösen von $y = f(x) = 0$

Beispiel Bestimme für die Funktion $f(x) = \frac{1}{2} x^2 - x - \frac{3}{2}$ die Schnittpunkte mit den Koordinatenachsen.

Lösung:
y-Achse ($x = 0$):
$y = \frac{1}{2} \cdot 0 - 0 - \frac{3}{2} = -\frac{3}{2} \Rightarrow T\left(0 \left| -\frac{3}{2}\right.\right)$

x-Achse (y = 0):

$\frac{1}{2} \cdot x^2 - x - \frac{3}{2} = 0 \implies x_{1;2} = \frac{1}{2 \cdot \frac{1}{2}}\left(1 \pm \sqrt{1 + 4 \cdot \frac{1}{2} \cdot \frac{3}{2}}\right)$

$\implies x_1 = -1 \text{ und } x_2 = 3$

$\implies N_1(-1|0) \text{ und } N_2(3|0)$

Die Bestimmung der Schnittpunkte mit der x-Achse führt auf das Lösen von Gleichungen. Lineare Gleichungen und quadratische Gleichungen können mittels Äquivalenzumformungen bzw. der quadratischen Lösungsformel gelöst werden. Anders sieht es aus, wenn eine ganzrationale Funktion mindestens dritten Grades vorliegt. Hier bedient man sich des Verfahrens der Polynomdivision.

> **Polynomdivision**
> Kennt oder errät man eine **Nullstelle $x = x_0$** der ganzrationalen Funktion $f(x) = a_n x^n + a_{n-1} x^{n-1} + \ldots + a_2 x^2 + a_1 x + a_0$, dann lässt sich der Funktionsterm **durch den Faktor $(x - x_0)$ dividieren** und der Grad des Funktionsterms wird um 1 niedriger. Das kann man fortsetzen, bis man eine quadratische Gleichung erreicht hat.

Bestimme die Nullstellen der Funktion mit der Gleichung **Beispiel**
$f(x) = x^3 + x^2 - 4x - 4$.

Lösung:
$x^3 + x^2 - 4x - 4 = 0$
Man findet z. B. durch Probieren, dass $x_1 = 2$ eine Nullstelle ist, denn $8 + 4 - 8 - 4 = 0$ ist eine wahre Aussage.

Polynomdivision:
$$
\begin{array}{l}
(x^3 + x^2 - 4x - 4) : (x - 2) = x^2 + 3x + 2 \\
\underline{-(x^3 - 2x^2)} \\
\quad\quad 3x^2 - 4x \\
\quad\quad \underline{-(3x^2 - 6x)} \\
\quad\quad\quad\quad 2x - 4 \\
\quad\quad\quad\quad \underline{-(2x - 4)} \\
\quad\quad\quad\quad\quad\quad 0
\end{array}
$$

Der Funktionsterm lässt sich also als $(x^2 + 3x + 2) \cdot (x - 2)$ schreiben. Der Funktionsterm ist gleich null, wenn einer der Faktoren null ist.

Lösen der quadratischen Gleichung:
$$x^2 + 3x + 2 = 0 \Rightarrow x_{2;3} = \tfrac{1}{2}\left(-3 \pm \sqrt{9 - 4 \cdot 2}\right)$$
$$\Rightarrow x_2 = -2 \quad \text{und} \quad x_3 = -1$$

Man erhält die drei Nullstellen:
$x_1 = 2$ und $x_2 = -2$ und $x_3 = -1$

Eine ganzrationale Funktion n-ten Grades hat **maximal n Nullstellen**. Tritt eine Nullstelle zweimal auf, so spricht man von einer **doppelten Nullstelle**. An dieser Stelle schneidet der Graph der Funktion die x-Achse nicht, sondern **berührt** sie nur. Tritt die Nullstelle k-fach auf, so handelt es sich um eine **k-fache Nullstelle**.

einfache Nullstellen

doppelte Nullstelle

dreifache Nullstelle

Beispiel Bestimme rechnerisch die Nullstellen der Funktion $f(x) = 10(x^3 + x^2)$.

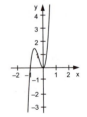

Lösung:
Ausklammern von x^2 führt auf:
$10(x^3 + x^2) = 0 \Rightarrow 10x^2(x + 1) = 0$

$x = 0$: doppelte Nullstelle
$\Rightarrow N_{1;2}(0 \mid 0)$

$x = -1$: einfache Nullstelle
$\Rightarrow N_3(-1 \mid 0)$

Insgesamt gilt für k-fache Nullstellen:

> **Vorzeichenwechsel bei Nullstellen**
> Liegt eine k-fache Nullstelle vor und ist k
> - **gerade**, so wechselt das Vorzeichen an der Nullstelle **nicht**.
> - **ungerade**, so **wechselt** das Vorzeichen an der Nullstelle von + nach – bzw. von – nach +.

Beispiel

Untersuche den Graphen der Funktion $f(x) = x^3 - 3x^2 + 4$ auf Nullstellen und gib das Vorzeichenverhalten an den Nullstellen im Graphen an.

Lösung:
Eine Nullstelle liegt bei $x_1 = 2$, weil $f(2) = 8 - 12 + 4 = 0$ gilt.
Polynomdivision:

$$(x^3 - 3x^2 + 4) : (x - 2) = x^2 - x - 2$$
$$\underline{-(x^3 - 2x^2)}$$
$$-x^2$$
$$\underline{-(-x^2 + 2x)}$$
$$-2x + 4$$
$$\underline{-(-2x + 4)}$$
$$0$$

Bestimmung der beiden anderen Nullstellen:
$$x^2 - x - 2 = 0 \;\Rightarrow\; x_{2;3} = \tfrac{1}{2}\left(1 \pm \sqrt{1+8}\right) = \tfrac{1}{2}(1 \pm 3)$$
$$\Rightarrow\; x_2 = 2 \quad \text{und} \quad x_3 = -1$$

Hieraus folgt:
- bei $x = 2$ liegt eine doppelte Nullstelle vor: kein Vorzeichenwechsel
- bei $x = -1$ liegt eine einfache Nullstelle vor: Vorzeichenwechsel

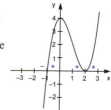

Funktionen

Wegen

$$a_n x^n + \ldots + a_1 x + a_0 = a_n x^n \left(1 + \ldots + \frac{a_1}{a_n x^{n-1}} + \frac{a_0}{a_n x^n}\right)$$

wird für $x \to \pm\infty$ das Verhalten der Funktion allein durch den Term $a_n x^n$ mit der höchsten x-Potenz bestimmt.

> **Verhalten ganzrationaler Funktionen im Unendlichen**
> Ganzrationale Funktionen streben für $x \to \pm\infty$ ausschließlich gegen $+\infty$ oder $-\infty$. Ausschlaggebend für das Verhalten im Unendlichen sind einzig und allein das Vorzeichen und der Grad des höchstrangigen Glieds des Polynoms.

Es gilt:

$a_n > 0$, n gerade: $f(x) \to +\infty$ für $x \to \pm\infty$
            n ungerade: $f(x) \to +\infty$ für $x \to +\infty$
                         $f(x) \to -\infty$ für $x \to -\infty$
$a_n < 0$, n gerade: $f(x) \to -\infty$ für $x \to \pm\infty$
            n ungerade: $f(x) \to -\infty$ für $x \to +\infty$
                         $f(x) \to +\infty$ für $x \to -\infty$

Beispiel Untersuche das Verhalten der Funktionen
$f_1(x) = 6x^3 + 5x^2 + 8x - 4$ und
$f_2(x) = -2x^4 + 3x^2 - 6x$ für $x \to \pm\infty$.

Lösung:
$x \to +\infty$: $f_1(x) \to +\infty$
$x \to -\infty$: $f_1(x) \to -\infty$
$x \to +\infty$: $f_2(x) \to -\infty$
$x \to -\infty$: $f_2(x) \to -\infty$

Stochastik

4 Einfache Zufallsexperimente

Die Wahrscheinlichkeitsrechnung ist eigentlich aus der Betrachtung von Glücksspielen entstanden. Glücksspiele beruhen auf dem Zufall, so kann man z. B. beim „Mensch-ärgere-dich-nicht" erst dann beginnen, wenn man eine 6 gewürfelt hat. Wie wahrscheinlich ist es, bereits nach dem ersten Wurf beginnen zu können?

Heute spielt der Zufall, d. h. die Wahrscheinlichkeitsbetrachtung, in allen Gebieten des täglichen Lebens eine große Rolle. Da man den Zufall nicht beherrschen kann, wird im Folgenden versucht, die Möglichkeiten für das Auftreten eines bestimmten Ergebnisses abzuschätzen.

4.1 Ergebnis- und Ereignismenge

Die Wahrscheinlichkeitsrechnung beschäftigt sich mit der Erforschung zufälliger Erscheinungen, um aus ihnen Vorhersagen für die Wahrscheinlichkeit ihres Eintretens zu machen.

> **Zufallsexperiment**
> Ein Experiment, bei dem der einzelne Ausgang nicht voraussagbar ist, heißt **Zufallsexperiment**. Jeder mögliche Ausgang des Zufallsexperiments heißt **Ergebnis ω**. Die Menge $\Omega = \{\omega_1, \omega_2, ..., \omega_n\}$ aller möglichen Ergebnisse eines Zufallsexperiments heißt **Ergebnismenge**, wobei $|\Omega|$ die Anzahl der möglichen Ergebnisse in Ω angibt. $|\Omega|$ nennt man auch die **Mächtigkeit** der Ergebnismenge.

Beispiel

Eine Münze wird einmal geworfen. Aus wie vielen Ergebnissen besteht die Ergebnismenge dieses Zufallsexperiments?

Lösung:
$\Omega = \{\text{Wappen, Zahl}\} \Rightarrow |\Omega| = 2$
Die Ergebnismenge besteht aus 2 Ergebnissen.

Nicht immer interessiert man sich für alle möglichen Ergebnisse eines Zufallsexperiments.

> **Ereignis**
> Jede Teilmenge der endlichen Ergebnismenge Ω heißt **Ereignis A**, d. h. $A \subseteq \Omega$. Die Menge aller Ereignisse heißt **Ereignismenge $P(\Omega)$**.
> Hat die Ergebnismenge Ω die Mächtigkeit n, d. h. $|\Omega| = n$, dann hat die Ereignismenge $P(\Omega)$ die Mächtigkeit $|P(\Omega)| = 2^n$.
>
> Besondere Ereignisse:
> - $A = \{\ \}$ **unmögliches Ereignis**
> - $A = \Omega$ **sicheres Ereignis**
> - $A = \{\omega\}$ **Elementarereignis** (enthält nur ein Element!)
> - $\overline{A}$ **Gegenereignis** zu A (enthält alle Elemente, die nicht zu A gehören)

Beispiel Ein Würfel wird geworfen.
Stelle die Ereignisse A: „Augenzahl gerade" und B: „Augenzahl > 3" sowie das Gegenereignis zu A als Mengen dar.

Lösung:
Mit $\Omega = \{1, 2, 3, 4, 5, 6\}$ ergibt sich:
Ereignis A: „Augenzahl gerade" $\Rightarrow$ $A = \{2, 4, 6\}$
Ereignis $\overline{A}$: „Augenzahl ungerade" $\Rightarrow$ $\overline{A} = \{1, 3, 5\}$
Ereignis B: „Augenzahl > 3" $\Rightarrow$ $B = \{4, 5, 6\}$

Zwei **Ereignisse** A und B einer Ereignismenge $P(\Omega)$ lassen sich auf verschiedene Weisen miteinander **verknüpfen**. Die Verknüpfungen und ihre Darstellungen werden anhand eines Beispiels erläutert.

Beispiel Ein Würfel wird einmal geworfen und die Augenzahl festgestellt. Betrachtet werden die Ereignisse A: „Augenzahl gerade", d. h. $A = \{2, 4, 6\}$, und B: „Augenzahl prim", d. h. $B = \{2, 3, 5\}$. Bilde $A \cap B$ **(A geschnitten B)** und $A \cup B$ **(A vereinigt B)**.

Lösung:

A **und** B: $A \cap B$
$A \cap B = \{2\}$

A **oder** B: $A \cup B$
$A \cup B = \{2, 3, 4, 5, 6\}$

Zwei Ereignisse lassen sich mit einer **Vierfeldertafel** verknüpfen:

	B	$\overline{B}$	
A	$A \cap B$	$A \cap \overline{B}$	Ω
$\overline{A}$	$\overline{A} \cap B$	$\overline{A} \cap \overline{B}$	

Ergibt der Schnitt zweier Ereignisse die leere Menge, so heißen die Ereignisse **unvereinbar**.

.2 Absolute und relative Häufigkeit

Ereignisse treten bei Wiederholung eines Zufallsexperiments mit einer bestimmten Häufigkeit ein.

Absolute und relative Häufigkeit
- Unter der **absoluten Häufigkeit** eines Ereignisses versteht man die tatsächliche Anzahl des Auftretens dieses Ereignisses bei einem Zufallsexperiment.
- Tritt ein Ereignis k-mal bei n Versuchen auf, so ist

  $h_n(k) = \frac{k}{n}$

  die **relative Häufigkeit** des Ereignisses, also der Anteil der Treffer (k) an der Gesamtzahl (n) der Versuche.

Praktisches Vorgehen

Durch ein Zufallsexperiment werden Daten gewonnen. Diese werden der Reihe nach aufgeschrieben und bilden so eine **Urliste**. Tritt der Wert a bei n Werten der Urliste k-mal auf, dann heißt k die absolute Häufigkeit, der Quotient $h_n = \frac{k}{n}$ die relative Häufigkeit des Wertes a.

Beispiel In der Klasse 8a befinden sich 25 Schüler, die einzeln nach ihrem Alter (in Jahren) befragt wurden. Es ergab sich die folgende Urliste:
14, 14 ,15, 13, 16, 14, 15, 14, 14, 13, 14, 15, 16, 14, 14, 15, 13, 13, 14, 15, 14, 14, 15, 15, 14
Bestimme die absoluten und relativen Häufigkeiten für das Merkmal „Alter in Jahren".

Lösung:
Das ergibt die folgende Tabelle der absoluten und relativen Häufigkeiten:

Anzahl x_i	13	14	15	16
absolute Häufigkeit	4	12	7	2
relative Häufigkeit	0,16	0,48	0,28	0,08

Für die relativen Häufigkeiten gibt es verschiedene **Darstellungsmöglichkeiten**.

Stab-, Säulen- und Kreisdiagramm

- **Stabdiagramm:** Über der x-Achse (Merkmalsachse) trägt man in y-Richtung die relative Häufigkeit als Strichlänge ab.
- **Säulendiagramm:** Über der x-Achse (Merkmalsachse) trägt man in y-Richtung die relativen Häufigkeiten als Säulen ab.
- **Kreisdiagramm:** Der volle Winkel 360° wird in die Anteile der relativen Häufigkeit geteilt.

Diese Darstellungsmöglichkeiten werden am vorhergehenden Beispiel des Alters der Schüler gezeigt.

Darstellung der Häufigkeitsverteilung:

Stabdiagramm: Säulendiagramm:

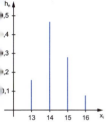 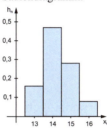

Kreisdiagramm:

13: $0{,}16 \cdot 360° = 57{,}6°$
14: $0{,}48 \cdot 360° = 172{,}8°$
15: $0{,}28 \cdot 360° = 100{,}8°$
16: $0{,}08 \cdot 360° = 28{,}8°$

Wenn man viele Daten hat, können Werte, die in der Mitte liegen, häufig schon eine genügend genaue Auskunft über das Datenmaterial geben. Der wichtigste dieser Werte heißt **Durchschnittswert** oder

---

Arithmetisches Mittel

Wenn das Datenmaterial die n Werte $x_1, x_2, \ldots, x_n$ umfasst, dann heißt

$$\overline{x} = \frac{x_1 + x_2 + \ldots + x_n}{n} = \frac{\text{Summe aller Einzelwerte}}{\text{Anzahl aller Einzelwerte}}$$

das **arithmetische Mittel** der Werte $x_1, x_2, \ldots, x_n$.

Beispiel Eine Schulaufgabe hat die folgende Notenverteilung:

Note x_i	1	2	3	4	5	6
absolute Häufigkeit	4	7	5	4	3	2
relative Häufigkeit	0,16	0,28	0,20	0,16	0,12	0,08

Bestimme den Durchschnittswert als arithmetisches Mittel.

Lösung:
$$\overline{x} = \frac{4 \cdot 1 + 7 \cdot 2 + 5 \cdot 3 + 4 \cdot 4 + 3 \cdot 5 + 2 \cdot 6}{25} = \frac{76}{25} = 3,04$$

4.3 Wahrscheinlichkeit

Führt man ein Zufallsexperiment sehr oft durch, so stabilisiert sich die relative Häufigkeit eines Ereignisses um einen bestimmten Wert.

> **Gesetz der großen Zahlen**
> Bei wachsender Anzahl von Wiederholungen eines Zufallsexperiments stabilisieren sich die relativen Häufigkeiten. Den stabilen Wert der relativen Häufigkeit eines Ereignisses A bei einem Zufallsexperiment nennt man **Wahrscheinlichkeit** des Ereignisses A, kurz **P(A)**.

Für das Rechnen mit Wahrscheinlichkeiten liegen folgende Eigenschaften zugrunde:

> **Eigenschaften der Wahrscheinlichkeit**
> - Der Wert einer Wahrscheinlichkeit eines Ereignisses A ist Element des Intervalls [0; 1]: $0 \leq P(A) \leq 1$
> - Der Ergebnisraum Ω (das sichere Ereignis) tritt mit der Wahrscheinlichkeit 1 ein: $P(\Omega) = 1$
> - Die leere Menge, also das unmögliche Ereignis, besitzt die Wahrscheinlichkeit 0: $P(\{\ \}) = 0$
> - Für $A = \{\omega_1, \omega_2, ..., \omega_k\}$ gilt:
> $P(A) = P(\{\omega_1\}) + P(\{\omega_1\}) + ... + P(\{\omega_k\})$

je näher der Wert der Wahrscheinlichkeit bei 1 liegt, desto wahrscheinlicher ist das Ereignis. Alle Ergebnisse aus Ω haben zusammen die Wahrscheinlichkeit 1.

Beispiel

$\Omega = \{1, 2, 3, 4\}$

ω	1	2	3	4
$P(\omega)$	0,1	0,2	0,6	0,1

$P(\Omega) = P(1) + P(2) + P(3) + P(4) = 0,1 + 0,2 + 0,6 + 0,1 = 1$

4.4 Laplace-Experimente

Die Berechnung von Wahrscheinlichkeiten wird besonders einfach, wenn alle Ergebnisse eines Zufallsexperiments die gleiche Wahrscheinlichkeit besitzen.

Laplace-Experimente

Zufallsexperimente, bei denen jedes Ergebnis dieselbe Wahrscheinlichkeit besitzt, heißen **Laplace-Experimente**. Besteht der Ergebnisraum Ω aus n Elementen, so tritt jedes Ergebnis mit der **Laplace-Wahrscheinlichkeit** $p = \frac{1}{n}$ ein.

Die Wahrscheinlichkeit eines Ereignisses berechnet sich über:

$P(E) = \frac{\text{Anzahl der Elemente von E}}{\text{Anzahl der Elemente von }\Omega} = \frac{|E|}{|\Omega|}$

Beispiel

In einem Beutel befinden sich jeweils 10 Schokoladentäfelchen der Sorten Vollmilch, Zartbitter und Halbbitter. Jonas zieht ein Täfelchen ohne hinzuschauen heraus.
Wie groß ist die Wahrscheinlichkeit, dass er Vollmilch oder Zartbitter zieht?

Lösung:

$P(E) = \frac{|E|}{|\Omega|} = \frac{|\text{Vollmilch}| + |\text{Zartbitter}|}{|\text{Schokoladentäfelchen}|} = \frac{10+10}{30} = \frac{2}{3} \approx 66,67\%$

5 Zusammengesetzte Zufallsexperimente

5.1 Baumdiagramm und Zählprinzip

Oft besteht ein Zufallsexperiment aus mehreren Versuchen oder aus mehreren verschiedenen Zufallsexperimenten.

> **Zusammengesetztes Zufallsexperiment**
> Ein Zufallsexperiment heißt **zusammengesetztes Zufallsexperiment**, wenn das Experiment aus mehreren Schritten besteht. Dabei können verschiedene Zufallsexperimente hintereinander oder ein einzelnes mehrmals ausgeführt werden. Zusammengesetzte Zufallsexperimente können mithilfe eines **Baumdiagramms** dargestellt werden.
>
> Schreibt man die Ergebnisse eines mehrstufigen Zufallsexperiments auf, so erhält man eine Abfolge von n Einzelergebnissen.

Beispiel
1. Eine Münze wird zweimal hintereinander geworfen und die jeweils oben liegenden Seiten (Zahl Z oder Wappen W) werden als Paare angegeben.
   Zeichne ein Baumdiagramm und bestimme die Ergebnismenge.

   Lösung:

   $\Omega = \{ZZ, ZW, WZ, WW\}$

   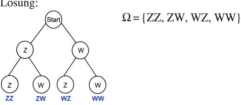

Aus einem Lostopf mit einem Gewinnlos und fünf Nieten werden zwei Lose nacheinander gezogen.
Zeichne ein Baumdiagramm und bestimme die Ergebnismenge.

Lösung:

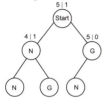

$\Omega = \{NN, NG, GN\}$
Das Ergebnis GG ist nicht möglich.

Wenn ein Baumdiagramm viele Stufen und Verzweigungen hat, wird es in der Darstellung sehr unübersichtlich. Meistens interessiert man sich nur für die Gesamtzahl der Ergebnisse.

Zählprinzip
Multipliziert man die Möglichkeiten in den einzelnen Baumdiagramm-Ebenen, so ergibt das Produkt die Gesamtzahl der Pfade **(Gesamtzahl aller Möglichkeiten)** im Baumdiagramm.

Beispiel

Leonie und ihr Bruder Nick haben drei Brettspiele und zwei Kartenspiele zur Auswahl. Sie wollen zuerst ein Brettspiel, dann ein Kartenspiel spielen.
Wie viele Möglichkeiten haben sie dafür?

Lösung:
In der ersten Baumdiagramm-Ebene gibt es drei Möglichkeiten. In der zweiten Baumdiagramm-Ebene gibt es zwei Möglichkeiten. Damit stehen Leonie und Nick $3 \cdot 2 = 6$ Möglichkeiten der Spieleauswahl zur Verfügung.

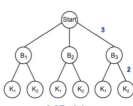

3 · 2 Ergebnisse

2. In einem Kleiderschrank findet man 12 Hosen, 8 Pullis und 24 Paar Schuhe.
   Wie viele Möglichkeiten gibt es, sich einzukleiden?

   Lösung:
   Es gibt $|\text{Hosen}| \cdot |\text{Pullis}| \cdot |\text{Schuhe}| = 12 \cdot 8 \cdot 24$
   $= 2\,304$ Möglichkeiten.

Bei Anwendung des Zählprinzips hat man häufig Rechenterme der Form $7 \cdot 6 \cdot 5 \cdot \ldots \cdot 2 \cdot 1$.

Fakultät
Eine Multiplikationskette, in der die Faktoren stets um 1 abnehmen, nennt man **Fakultät**.
$n! = n \cdot (n-1) \cdot (n-2) \cdot \ldots \cdot 2 \cdot 1$

Beispiel Lukas, Jonas, Florian, Stefan und Tim stellen sich in einer Reihe auf. Wie viele verschiedene Reihenfolgen sind möglich?

Lösung:
Es gibt $5! = 5 \cdot 4 \cdot 3 \cdot 2 \cdot 1 = 120$ verschiedene Reihenfolgen.

5.2 Pfadregeln

Jedes Ergebnis tritt mit einer gewissen Wahrscheinlichkeit ein. Ist man an der Wahrscheinlichkeit eines Ereignisses interessiert, so wendet man für ihre Berechnung folgende Regeln an.

Pfadregeln
- Die **1. Pfadregel** liefert die Wahrscheinlichkeit eines Ergebnisses (Elementarereignisses). Sie ist das Produkt der Wahrscheinlichkeiten auf den Teilstrecken des Pfades, der zu diesem Ergebnis führt.
- Die **2. Pfadregel** liefert die Berechnung der Wahrscheinlichkeit eines Ereignisses. Sie ist die Summe der Wahrscheinlichkeiten aller Pfade, die zu diesem Ereignis führen.

Die **Summe aller Wahrscheinlichkeiten**, die von einem Verzweigungspunkt ausgehen, ist **stets 1**.

1. Stefanie spielt mit 10 Kärtchen aus ihrem Lesekasten, von denen acht den Buchstaben E und je eines den Buchstaben L bzw. S tragen. Sie nimmt zwei Kärtchen auf gut Glück. Zeichne ein Baumdiagramm und bestimme die Wahrscheinlichkeit des Ereignisses A: „Genau ein Buchstabe E ist dabei."

   Beispiel

   Lösung:
   Man zeichnet ein Baumdiagramm und wendet die beiden Pfadregeln an.

   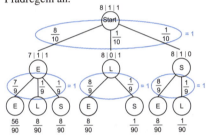

   $P(A) = P(\{EL\}) + P(\{ES\}) + P(\{LE\}) + P(\{SE\})$
   $= \frac{8}{90} + \frac{8}{90} + \frac{8}{90} + \frac{8}{90} = \frac{32}{90} = \frac{16}{45} \approx 35{,}56\,\%$

2. Schreibe an die einzelnen Äste die fehlenden Wahrscheinlichkeiten.

   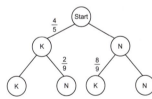

   Lösung:

   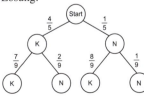

5.3 Bedingte Wahrscheinlichkeit

Wahrscheinlichkeiten von Ereignissen können sich verändern, wenn bereits andere Ereignisse eingetreten sind. Um diesen Einfluss zu untersuchen, wird ein neuer Wahrscheinlichkeitsbegriff eingeführt.

> **Bedingte Wahrscheinlichkeit**
> $P_B(A)$ ist die Wahrscheinlichkeit von A unter der Bedingung, dass B eingetreten ist.
> Aus einem Baumdiagramm erhält man mithilfe der 1. Pfadregel:
> $P(A \cap B) = P(B) \cdot P_B(A)$
> $\Rightarrow \quad P_B(A) = \dfrac{P(A \cap B)}{P(B)}$
>
>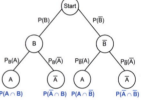

Beispiel Aus Erfahrung weiß man, dass in einem Restaurant 60 % der Gäste ein Menü wählen und 50 % der Gäste zum Essen ein Glas Wasser bestellen. 25 % der Gäste essen weder das Menü noch bestellen sie ein Glas Wasser.
Mit welcher Wahrscheinlichkeit bestellt ein Gast, der ein Menü gewählt hat, auch ein Glas Wasser?

Lösung:
Mit den Angaben aus der Aufgabe kann man eine Vierfeldertafel erstellen, wobei die Bezeichnungen
M: „Gast isst ein Menü"
und W: „Gast bestellt ein Glas Wasser" gewählt werden

	M	$\overline{M}$	
W	0,35 ← 0,15		0,50
$\overline{W}$	0,25	0,25	0,50
	0,60	0,40	1

(die aus der Aufgabenstellung bekannten Wahrscheinlichkeiten sind unterstrichen). Gesucht ist die bedingte Wahrscheinlichkeit:

$P_M(W) = \dfrac{P(W \cap M)}{P(M)} = \dfrac{0,35}{0,60} \approx 58,33 \%$

Geometrie

6 Ebene Geometrie

Mit den Hilfsmitteln Zirkel, Lineal und Geodreieck können Eigenschaften und gegenseitige Beziehungen von geometrischen Formen untersucht sowie Konstruktionen von Figuren durchgeführt werden.

6.1 Grundbegriffe

Die wichtigsten Grundlagen der ebenen Geometrie bilden Punkte und Geraden. Weitere Begriffe werden aus ihnen abgeleitet.

Wichtige Grundbegriffe

- Eine **Gerade** g = AB ist durch zwei **Punkte** A und B eindeutig bestimmt. Das zwischen den Punkten liegende Geradenstück ist ihre kürzeste Verbindung und heißt **Strecke** [AB]. Jeder Strecke [AB] ist ihre **Länge** AB zugeordnet. [AB ist eine **Halbgerade** durch B mit dem Anfangspunkt A.

- Zwei Halbgeraden [SA und [SB mit dem gemeinsamen Anfangspunkt S bilden einen **Winkel** $\varphi = \sphericalangle ASB$. S heißt **Scheitel** des Winkels. Jedem Winkel φ (Drehrichtung gegen den Uhrzeigersinn) ist eine in Grad ° gemessene Winkelgröße zugeordnet.

- Zwei Geraden, die einen rechten Winkel (90°) einschließen, heißen zueinander **senkrecht**.

- Verlaufen zwei Geraden nebeneinanderher, ohne sich zu schneiden, sind sie **parallel**.

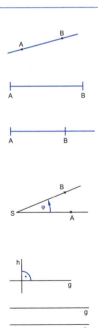

- Drei Punkte A, B und C, die nicht auf einer Geraden liegen, bestimmen ein **Dreieck**.
- Vier Punkte A, B, C und D, von denen jeweils nur zwei auf einer Geraden liegen, bestimmen ein **Viereck**.
  Allgemein gilt: n Punkte, von denen nicht mehr als zwei auf einer Geraden liegen, bilden ein **n-Eck**.
- Zwei zueinander senkrechte Zahlengeraden bilden ein **rechtwinkliges (kartesisches) Koordinatensystem** mit dem **Ursprung** O. Die Achsen werden als x-Achse (Abszissenachse) und y-Achse (Ordinatenachse) bezeichnet. Jeder Punkt P im Koordinatensystem ist durch zwei **Koordinaten** eindeutig bestimmt: **P(x|y)**.
  Das Koordinatensystem ist in vier **Quadranten** unterteilt.

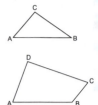

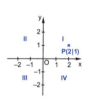

Beispiel In einem rechtwinkligen Koordinatensystem bestimmen die Punkte A(1|1), B(5|1) und C(5|4) ein Dreieck ABC.
a) Bestimme die Längen der Seiten sowie die Innenwinkel des Dreiecks ABC.
b) Ergänze das Dreieck ABC durch die Punkte D(4|6) und E(2|5) zu einem Fünfeck.

Lösung:
a) Wird die Einheit in cm gemessen, so gilt:
$\overline{AB} = 4$ cm, $\overline{BC} = 3$ cm, $\overline{AC} = 5$ cm
Für die Winkel gilt:
$\alpha = 37°, \beta = 90°, \gamma = 53°$
b) siehe Zeichnung

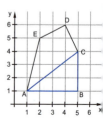

6.2 Winkelgrößen und Winkelgesetze

Winkel treten an Geradenkreuzungen und in n-Ecken auf. Sie werden in 0 bis 360 Grad gemessen, können aber auch in den Einheiten Minute und Sekunde geschrieben werden.

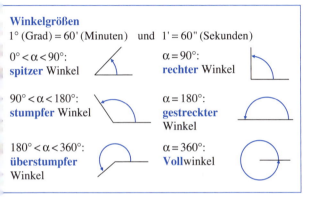

Winkelgrößen
$1°$ (Grad) $= 60'$ (Minuten)   und $1' = 60''$ (Sekunden)

$0° < \alpha < 90°$: **spitzer** Winkel

$\alpha = 90°$: **rechter** Winkel

$90° < \alpha < 180°$: **stumpfer** Winkel

$\alpha = 180°$: **gestreckter** Winkel

$180° < \alpha < 360°$: **überstumpfer** Winkel

$\alpha = 360°$: **Voll**winkel

Beispiel $5°16' = 300' + 16' = 316'$ $5\,000'' = 1°23'20''$

Schneiden sich zwei Geraden, so bilden sie eine **Geradenkreuzung**. Diese schließt besondere Winkel ein.

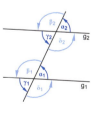

Winkel an Geradenkreuzungen
- **Nebenwinkel** (z. B. α_1, β_1) ergänzen einander zu $180°$.
- **Scheitelwinkel** (z. B. α_1, γ_1) sind gleich groß.
- Genau dann, wenn die Geraden g_1 und g_2 einer Geradenkreuzung parallel zueinander sind, gilt:
  Stufenwinkel (z. B. α_1, α_2) sind gleich.
  Wechselwinkel (z. B. α_1, γ_2) sind gleich.
  Nachbarwinkel (z. B. α_1, δ_2) ergänzen einander zu $180°$.

Beispiel In der Skizze gilt:
$g \parallel h$, $\alpha = 40°$, $\beta = 112°$

Gib mithilfe der Winkelgesetze
die Winkel γ, δ und ε an.

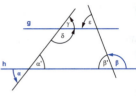

Lösung:
$\alpha' = \alpha = 40°$ (Scheitelwinkel)
$\Rightarrow \quad \delta = 180° - \alpha' = 140°$ (Nachbarwinkel)
$\quad \gamma = 180° - \delta = 40°$ (Nebenwinkel)
$\quad \beta' = 180° - \beta = 180° - 112° = 68°$ (Nebenwinkel)
$\quad \varepsilon = \beta' = 68°$ (Stufenwinkel)

Auch in n-Ecken sind verschiedene Winkel zu finden.

Winkel in Drei-, Vier- und n-Ecken
- Die Winkel innerhalb des n-Ecks
  nennt man **Innenwinkel** (α, β, γ).
  Die Winkel außerhalb heißen
  Außenwinkel (α_1, β_1, γ_1).
- Die **Innenwinkelsumme** beträgt:
  – in jedem Dreieck: $180°$
  – in jedem Viereck: $360°$
  – in jedem n-Eck: $(n-2) \cdot 180°$
- Die **Außenwinkelsumme** beträgt in jedem n-Eck $360°$.
- In jedem Dreieck ist jeder Außenwinkel so groß wie die
  Summe der nicht anliegenden Innenwinkel
  (z. B. $\alpha_1 = \beta + \gamma$).

Beispiel Zeige, dass die Außenwinkelsumme in einem beliebigen Viereck $360°$ beträgt.

Lösung:
$\alpha_1 + \beta_1 + \gamma_1 + \delta_1 =$
$= 180° - \alpha + 180° - \beta + 180°$
$\quad - \gamma + 180° - \delta$
$= 720° - (\alpha + \beta + \gamma + \delta)$
$= 720° - 360° = 360°$

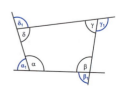

6.3 Achsen- und Punktsymmetrie

Schon morgens zum Frühstück erblickt man viele Symmetrien, die meisten Gläser und Tassen sind achsensymmetrisch.

Achsensymmetrische Figuren
- Zwei Punkte P und P' sind symmetrisch bezüglich der **Symmetrieachse a**, wenn die Verbindungsstrecke der Punkte senkrecht auf der Achse a steht und von ihr halbiert wird. P' nennt man auch **Bildpunkt** von P.
- Eine Figur ist **achsensymmetrisch**, wenn zu jedem Punkt der Figur auch der entsprechende achsensymmetrische Punkt in der Figur enthalten ist.

Die Buchstaben A, E, H, W, X sind achsensymmetrisch, S nicht: **Beispiel**

Achsenspiegelung
- Zueinander symmetrische Strecken sind gleich lang, zueinander symmetrische Winkel sind gleich groß.
- Geraden werden auf Geraden und Kreise auf Kreise mit gleichem Radius abgebildet. Zueinander symmetrische Geraden sind parallel oder schneiden sich auf der Symmetrieachse.
- Original- und Bildfigur haben **unterschiedlichen Umlaufsinn**.

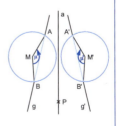

- Achsenpunkte und nur diese sind von zueinander symmetrischen Punkten gleich weit entfernt.
- Punkte, die auf der Symmetrieachse liegen, werden auf sich selbst abgebildet **(Fixpunkte)**.
- Geraden, die senkrecht auf der Achse stehen, werden auf sich selbst abgebildet **(Fixgeraden)**.

Beispiel Eine Gerade g schneidet einen Kreis k. Wie muss eine Symmetrieachse a zu dieser Figur aus Kreis und Gerade verlaufen und welche Punkte der Figur sind Fixpunkte?

Lösung:
Die Symmetrieachse a steht senkrecht auf der Geraden g und verläuft durch den Mittelpunkt M des Kreises. Die Punkte P_1, P_2 und P_3 sind Fixpunkte der Figur.

Achsensymmetrische Punkte können mit Zirkel und Lineal konstruiert werden.

Konstruktion achsensymmetrischer Punkte
Entweder:
- Wähle zwei beliebige Punkte A und B auf der Symmetrieachse a.
- Zeichne um die Punkte A und B Kreise, auf denen der Punkt P liegt.
- Diese Kreise schneiden sich auf der anderen Seite der Achse a im gesuchten Bildpunkt P'.

oder:
- Zeichne einen Kreis um P, der die Symmetrieachse in den Punkten C und D schneidet.
- Zeichne mit unverändertem Radius jeweils einen Kreisbogen um C und D.
- Der Schnittpunkt dieser Kreisbögen ist der zu P symmetrische Punkt P'.

Beispiel

Wenn nur Punkt P und Bildpunkt P' gegeben sind, kann die Symmetrieachse a konstruiert werden.

Konstruktion der Symmetrieachse
- Zeichne um die Punkte P und P' Kreise mit gleichen Radien, wobei der Radius etwas größer als die Hälfte des Abstandes der beiden Punkte sein muss.
- Verbinde die Schnittpunkte der Kreisbögen miteinander; dies ist die Symmetrieachse a.

Beispiel

Nicht alle symmetrischen Figuren sind achsensymmetrisch.

Punktsymmetrische Figuren
- Zwei Punkte P und P' sind punktsymmetrisch bezüglich des **Zentrums Z**, wenn die Verbindungsstrecke der Punkte von Z halbiert wird.
- Eine Figur ist **punktsymmetrisch**, wenn zu jedem Punkt der Figur auch der entsprechende punktsymmetrische Punkt in der Figur enthalten ist.

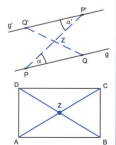

Beispiel 1. Die Buchstaben H, I, N, O, S, X sind punktsymmetrisch:
 H I N O S X

2. Jedes Parallelogramm ist punktsymmetrisch. Das Symmetriezentrum Z ist der Schnittpunkt der Diagonalen des Parallelogramms.

Punktspiegelung
- Zueinander punktsymmetrische Strecken sind gleich lang.
- Zueinander punktsymmetrische Winkel sind gleich groß.
- Zueinander punktsymmetrische Strecken und Geraden sind parallel.
- Original- und Bildfigur haben **gleichen Umlaufsinn**.
- Das Zentrum Z ist der einzige **Fixpunkt**.
- Geraden, die durch das Zentrum verlaufen, werden auf sich selbst abgebildet (**Fixgeraden**).

Punktsymmetrische Punkte können mit Zirkel und Lineal konstruiert werden. Sind der Originalpunkt P und das Zentrum Z gegeben, dann kann wie folgt vorgegangen werden:

Konstruktion punktsymmetrischer Punkte
- Zeichne die Halbgerade [PZ.
- Ziehe um Z einen Kreisbogen mit Radius $\overline{PZ}$.
- Der entstandene Schnittpunkt ist P'.

Beispiel

Wenn nur Punkt P und Bildpunkt P' gegeben sind, kann das Zentrum Z konstruiert werden.

> **Konstruktion des Symmetriezentrums**
> - Verbinde P und P'.
> - Zeichne um die Punkte P und P' Kreisbögen mit gleichen Radien, wobei der Radius etwas größer als die Hälfte des Abstandes der beiden Punkte sein muss.
> - Verbinde die Schnittpunkte der Kreisbögen miteinander.
> - Der Schnittpunkt dieser Verbindungslinie mit der Strecke [PP'] ist das Symmetriezentrum Z.

Beispiel

In der Architektur haben Symmetrieachsen manchmal besondere Funktionen.

> **Besondere Symmetrien**
> - Das **Lot** zu einer Geraden g ist eine Gerade, die senkrecht auf g steht. Der Schnittpunkt des Lotes mit der Geraden heißt **Lotfußpunkt L**. Die Länge der Strecke des Punktes P vom Lotfußpunkt L heißt **Abstand** des Punktes P von der Geraden g.
> - Die **Mittelsenkrechte** $m_{[AB]}$ der Strecke [AB] ist die Gerade, die senkrecht auf [AB] steht und [AB] halbiert.

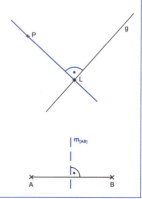

> - Die **Winkelhalbierende w$_\alpha$**
>   des Winkels α ist die Gerade,
>   die durch den Scheitel von α
>   verläuft und den Winkel in
>   zwei gleich große Teile teilt.

Auch diese Symmetrieachsen lassen sich konstruieren.

> **Konstruktion eines Lots**
> Lot errichten (P auf g) bzw. Lot fällen (P nicht auf g):
> - Ziehe um den Punkt P einen Kreisbogen, der die Gerade in A und B schneidet.
> - Zeichne um A und B zwei Kreisbögen mit gleichem Radius, wobei der Radius etwas größer als die Hälfte des Abstandes der beiden Punkte sein muss.
> - Die Gerade durch die Schnittpunkte der Kreisbögen und P ist das Lot.

Beispiel

> **Konstruktion einer Mittelsenkrechten**
> - Ziehe einen Kreisbogen mit gleichem Radius um die Punkte A und B, wobei der Radius etwas größer als die Hälfte des Abstandes der beiden Punkte sein muss.
> - Die Gerade durch die Schnittpunkte der Kreisbögen ist die Mittelsenkrechte.

Beispiel

Konstruktion einer Winkelhalbierenden
- Ziehe einen Kreisbogen um den Scheitel S des Winkels. Er schneidet die Schenkel in A und B.
- Zeichne Kreisbögen mit gleichem Radius um A und B.
- Verbinde den Schnittpunkt der Kreisbögen mit S.

Beispiel

 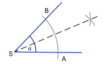

6.4 Kongruenz von Figuren

Man sieht nicht immer sofort, ob Figuren gleich groß sind und die gleiche Form haben. Legt man zwei Figuren aufeinander und sie kommen dabei zur Deckung, nennt man sie **deckungsgleich** oder **kongruent**. Kongruente Figuren besitzen also gleich große Winkel und gleich lange Seiten. Kongruente Dreiecke erkennt man durch Überprüfen weniger Seiten und Winkel.

Kongruenzsätze
- **SSS:** Dreiecke sind kongruent, wenn sie in den drei Seiten übereinstimmen.

- **SWS:** Dreiecke sind kongruent, wenn sie in zwei Seiten und dem dazwischen liegenden Winkel übereinstimmen.

- **WSW oder SWW:** Dreiecke sind kongruent, wenn sie in einer Seite und zwei gleichliegenden Winkeln übereinstimmen.

- **SsW:** Dreiecke sind kongruent, wenn sie in zwei Seiten und dem der größeren Seite gegenüberliegenden Winkel übereinstimmen.

Beispiel Überprüfe, ob die Dreiecke ABC und A'B'C' kongruent sind:
a) $a = c'$, $b = b'$, $c = a'$
b) $b = a'$, $c = b'$, $\alpha = \gamma'$
c) $c = a'$, $\alpha = \beta'$, $\beta = \gamma'$
d) $c = c'$, $a = a'$, $\alpha = \alpha'$
e) $a = c'$, $\alpha = \alpha'$, $\gamma = \beta'$

Lösung:
Man zeichnet sich zwei kongruente Dreiecke und
markiert jeweils die gegebenen Stücke.

a) Kongruent nach SSS-Satz
b) Kongruent nach SWS-Satz
c) Kongruent nach WSW-Satz
d) Kongruent nach SsW-Satz, wenn a und a' die
   größeren Seiten im Vergleich zu c und c' sind
e) Nicht kongruent, da die Winkel nicht gleich-
   liegend sind

Entsprechen die gegebenen Größen eines Dreiecks den Bestand-
teilen eines Kongruenzsatzes, so ist das Dreieck **eindeutig konstruierbar**.

6.5 Dreiecke und Dreieckskonstruktionen

Dreiecke sind die Grundlage der ebenen Geometrie. Denn alle
Figuren, die von geraden Linien begrenzt werden, lassen sich in
Dreiecke zerlegen und so konstruktiv und rechnerisch erfassen.

Dreiecksungleichung
In jedem Dreieck ABC ist die Länge
einer Seite stets größer als die Differenz,
aber kleiner als die Summe der Längen
der beiden anderen Seiten.

$|a - b| < c < a + b$
$|b - c| < a < b + c$
$|a - c| < b < a + c$

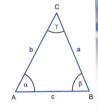

In einem Dreieck ABC gilt $a = 5$ cm und $b = 8$ cm. **Beispiel**
Zwischen welchen Grenzen liegt die Lösung der Seite c?

Lösung:
Aus $b - a < c < a + b$ folgt: 3 cm $< c < 13$ cm, d. h., c muss größer als 3 cm und kleiner als 13 cm sein.

Im Folgenden werden die Dreiecke vorgestellt, die ihren Namen durch ihre besonderen Eigenschaften erhalten haben.

Gleichschenkliges Dreieck
- Das Dreieck ist achsensymmetrisch und besitzt eine Symmetrieachse.
- Das Dreieck besitzt zwei gleich große Winkel ($\alpha = \beta$).
- Die gleich langen Seiten heißen **Schenkel** (a, b), die dritte Seite heißt **Basis** (c). Die Winkel an der Basis heißen **Basiswinkel** (α, β).
- Die Mittelsenkrechte zur Basis bestimmt Höhe und Winkelhalbierende.

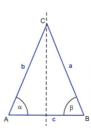

Es gibt eine Sonderform des gleichschenkligen Dreiecks.

Gleichseitiges Dreieck
- Das Dreieck ist achsensymmetrisch und besitzt drei Symmetrieachsen.
- Das Dreieck besitzt drei gleich große Winkel ($\alpha = \beta = \gamma$). Jeder Winkel ist 60° groß.
- Alle Seiten sind gleich lang.
- Die Mittelsenkrechte einer Seite bestimmt Höhe und Winkelhalbierende.

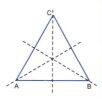

Ein weiteres spezielles Dreieck erhält seinen Namen durch seinen rechten Winkel.

Rechtwinkliges Dreieck
- Das Dreieck besitzt einen rechten Winkel ($\gamma = 90°$).
- Die beiden an den rechten Winkel anschließenden Seiten nennt man **Katheten**. Die längste Seite heißt **Hypotenuse**.

Rechtwinklige Dreiecke besitzen eine Besonderheit. Alle Eckpunkte liegen auf demselben Kreis.

Satz von Thales
Für rechtwinklige Dreiecke gilt:
Ein Dreieck ABC hat genau dann bei C einen rechten Winkel, wenn die Ecke C auf dem Halbkreis über [AB] liegt.

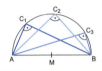

Zu beachten ist, dass der Satz zwei Richtungen hat. Jeder Punkt auf dem **Thaleskreis** bildet also mit den Punkten A und B einen rechten Winkel.

Beispiel Gegeben sind die Punkte A(0|0), B(5|0) und C(4|2).
Zeichne die Punkte in ein rechtwinkliges Koordinatensystem und weise nach, dass das Dreieck ABC rechtwinklig ist.

Lösung:
Entweder man misst mit dem Geodreieck den Winkel bei C mit 90° oder man begründet, dass C auf dem Thaleskreis über [AB] liegt.

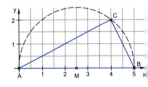

Dreiecke besitzen besondere Eigenschaften, die für alle Dreiecke gelten.

> **Eigenschaften von Dreiecken**
> - In jedem Dreieck liegt der größeren Seite der größere Winkel gegenüber, insbesondere liegt der größten Seite der größte Winkel gegenüber.
> - In jedem Dreieck schneiden sich die Mittelsenkrechten m_a, m_b, m_c der Dreiecksseiten in einem Punkt, dem Mittelpunkt des **Umkreises** des Dreiecks.
>
>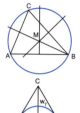
>
> - In jedem Dreieck schneiden sich die Winkelhalbierenden w_α, w_β, w_γ der Innenwinkel in einem Punkt, dem Mittelpunkt des **Inkreises** des Dreiecks.
>
>
>
> - In jedem Dreieck schneiden sich die Seitenhalbierenden s_a, s_b, s_c in einem Punkt, dem **Schwerpunkt** des Dreiecks.
>
>

Zeichne ein Dreieck ABC aus $a = 2$ cm, $b = 2{,}5$ cm und $c = 3$ cm. **Beispiel**
Zeichne den Umkreis dieses Dreiecks ABC.

Lösung:
Dreieck ABC zeichnen und die Mittelsenkrechten m_a, m_b, (m_c) einzeichnen.
Sie schneiden sich im Mittelpunkt M des Umkreises, d. h. Umkreis = k (M; r) mit
$= \overline{MA} = \overline{MB} = \overline{MC}$.

Für die **Konstruktion von Dreiecken** benötigt man Zirkel und Lineal. Um sie durchführen zu können, sind mindestens drei Größen notwendig.

> **Dreieckskonstruktionen**
> - Stelle fest, wo die gegebenen Größen im Dreieck liegen. Hier hilft eine **Planfigur**, in der die gegebenen Stücke auffallend (am besten farbig) gekennzeichnet werden.
> - Überlege dir, in welcher Reihenfolge das Dreieck konstruiert werden kann. Durchdenke die Konstruktion bis zum Ende. In der **Vorüberlegungsskizze** hältst du fest, wie du nacheinander jeden Punkt der Figur erhältst. Die Punkte findest du im Allgemeinen als Schnitt zweier Linien (gegebene Seite, freier Schenkel eines Winkels etc.).
> - Führe die **Konstruktion** Schritt für Schritt aus und schreibe, wenn gefragt, eine **Konstruktionsbeschreibung**.
> - Überprüfe, ob es mehrere nicht kongruente Lösungen gibt. Es ist, wenn nicht anders angegeben, immer nach **allen Lösungen** verlangt. Die Kongruenzsätze (S. 107) helfen dir herauszufinden, ob ein Dreieck eindeutig bestimmt ist.

Beispiel Konstruiere mit den angegebenen Größen jeweils ein Dreieck. Ist dieses eindeutig?
a) $a = 1,8$ cm, $b = 1,9$ cm, $c = 2,2$ cm
b) $a = 1,7$ cm, $b = 2$ cm, $\alpha = 50°$

Lösung:
a) *Vorüberlegung:*   *Konstruktion:*

Durch c sind A und B gegeben.
C liegt 1. auf Kreis um A mit Radius b.
2. auf Kreis um B mit Radius a.

Die Konstruktion ist nach SSS eindeutig.

b) *Vorüberlegung:*

Durch b sind A und C gegeben.
B liegt 1. auf Kreis um C mit Radius a.
2. auf freiem Schenkel von α.

Konstruktion:

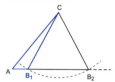

Es gibt zwei Lösungen, da der Winkel gegeben ist, der der kleineren Seite gegenüberliegt. Der Kongruenzsatz SsW ist somit nicht anwendbar.

6.6 Vierecke und Viereckskonstruktionen

Vier Punkte A, B, C und D, von denen jeweils nur zwei auf einer Geraden liegen, bestimmen ein **Viereck**. Durch die Eigenschaften „parallel" und „symmetrisch" ergeben sich einige besondere Vierecke.

Spezielle Vierecke

- Das **Trapez** hat zwei parallele Gegenseiten. Sind die nicht parallelen Seiten gleich, nennt man es gleichschenklig.
- Das **Drachenviereck** hat eine Diagonale als Symmetrieachse. Die beiden Diagonalen stehen senkrecht aufeinander.
- Das **Parallelogramm** hat je zwei parallele Gegenseiten. Es ist punktsymmetrisch zum Schnittpunkt der Diagonalen.
- Die **Raute** hat die zwei aufeinander senkrecht stehenden Diagonalen als Symmetrieachsen. Sie ist punktsymmetrisch zum Schnittpunkt der Diagonalen.

- Das **Rechteck** hat zwei aufeinander senkrecht stehende Symmetrieachsen und ist punktsymmetrisch zum Schnittpunkt der Diagonalen sowie zum Schnittpunkt der Symmetrieachsen.
- Das **Quadrat** besitzt vier Symmetrieachsen und ist punktsymmetrisch zum Schnittpunkt der Diagonalen sowie zum Schnittpunkt der Symmetrieachsen.

Beispiel Zeige durch die Angabe eines Gegenbeispiels, dass die folgenden Sätze falsche Aussagen darstellen.
a) Ein Viereck mit vier gleich langen Seiten ist ein Quadrat.
b) Ein Viereck mit vier gleich großen Winkeln ist ein Quadrat.
c) Ein Viereck mit gleich langen Diagonalen ist ein Rechteck.
d) Ein Viereck mit zueinander senkrechten Diagonalen ist eine Raute.

Lösung:
a) Gegenbeispiel: Raute
b) Gegenbeispiel: Rechteck
c) Gegenbeispiel: gleichschenkliges Trapez
d) Gegenbeispiel: Drachenviereck

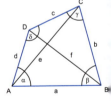

Für die **Konstruktion von Vierecken** braucht man fünf gegebene Größen. Da Vierecke über Teildreiecke konstruiert werden, sucht man sich zunächst die Größen, die eines der Teildreiecke bestimmen, und konstruiert dieses mit Zirkel und Lineal. Der Konstruktionsvorgang ist im Kapitel „6.5 Dreiecke und Dreieckskonstruktionen" beschrieben. Danach nimmt man die letzten Größen her, um den vierten Punkt des Vierecks zu konstruieren. Gibt es mehrere nicht kongruente Lösungen, so sind alle Lösungen zu konstruieren.

1. Konstruiere ein Viereck ABCD aus $a = 1{,}6$ cm, $e = 2{,}4$ cm, $f = 2$ cm, $\alpha = 80°$, $\beta = 120°$.

   Beispiel

   Lösung:
   Vorüberlegung: Konstruktion:

                 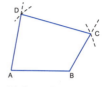

   $\triangle ABC$ nach dem Kongruenzsatz SsW   Die Lösung ist eindeutig.
   eindeutig konstruierbar.
   D liegt   1. auf freiem Schenkel von α.
             2. auf dem Kreis um B mit Radius f.

2. Konstruiere ein Viereck ABCD aus $b = 2$ cm, $c = 2{,}4$ cm, $d = 1{,}9$ cm, $e = 3{,}6$ cm und $\alpha = 55°$.

   Lösung:
   Vorüberlegung: Konstruktion:

   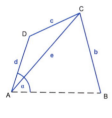   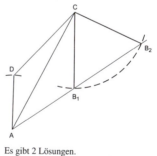

   Teildreieck ACD aus SSS (e; c; d)   Es gibt 2 Lösungen.
   eindeutig konstruierbar.
   B liegt
   1. auf freiem Schenkel von α.
   2. auf k(C; b).

6.7 Kreise und Konstruktion von Tangenten

Der Kreis wird als die einzige Figur der ebenen Geometrie besprochen, die nicht von Geradenstücken begrenzt wird. Im Gegensatz zu n-Ecken spielen nicht Punkte und Seiten eine Rolle, sondern ihn zeichnen ganz andere Größen aus.

> **Kreis**
> - Der Abstand zwischen dem Mittelpunkt M und allen Punkten P auf der Kreislinie ist konstant und heißt **Radius r: d(M; P) = r**
> - Der doppelte Radius heißt **Durchmesser d: d = 2r**

Geraden und Kreise können besondere Lagebeziehungen haben. Je nachdem wie die Gerade liegt, erhält sie einen bestimmten Namen.

> **Tangente, Sekante, Passante**
> - **Tangente:** Gerade und Kreis berühren sich in einem Punkt P. Dieser Punkt heißt Berührpunkt. Legt man durch den Berührpunkt und den Mittelpunkt M eine Gerade, so steht diese auf der Tangente senkrecht.
> - **Sekante:** Die Gerade schneidet den Kreis in zwei Punkten.
> - **Passante:** Gerade und Kreis haben keinen gemeinsamen Punkt.

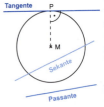

Bei der Konstruktion von Kreistangenten nutzt man die zueinander senkrechte Lage von Tangente und Gerade durch Berührpunkt und Mittelpunkt aus (Thaleskreis!).

Konstruktion von Kreistangenten

Ist ein auf dem Kreis liegender Punkt P gegeben, dann erhält man die durch ihn verlaufende Tangente an den Kreis wie folgt:
- Zeichne die Halbgerade [MP.
- Errichte das Lot zu [MP in P.

Ist ein außerhalb des Kreises liegender Punkt P gegeben, dann erhält man die zwei durch ihn verlaufenden Tangenten an den Kreis folgendermaßen:
- Konstruiere über [PM] den Thaleskreis. Konstruiere dazu den Mittelpunkt von [PM] und zeichne um diesen einen Kreis mit Radius $\frac{1}{2}\overline{MP}$.
- Die Schnittpunkte mit dem Kreis sind die beiden Berührpunkte. Zeichne die Geraden durch P und die Berührpunkte. Dies sind die beiden Tangenten.

Beispiel

In einem rechtwinkligen Koordinatensystem sind die Punkte A(1|5), B(5|0) und C(6|5) gegeben.
Konstruiere den kleinsten Kreis k, der die Gerade g = AB berührt und durch den Punkt C geht. Konstruiere dann eine weitere Tangente durch A an den Kreis k.

Lösung:
Der Mittelpunkt des Kreises muss auf dem Lot auf g durch den Punkt C liegen. Damit der Kreis g berührt und durch C verläuft, muss M der Mittelpunkt der Lotstrecke von C auf g sein.

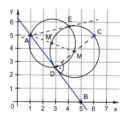

Der Radius ist also r = $\overline{MC}$. Für die gesuchte Tangente durch den Punkt A zeichnet man den Thaleskreis über [AM]. Dieser schneidet den Kreis in zwei Punkten, von denen einer auf g liegt. Die Gerade durch den zweiten Schnittpunkt und A ist die gesuchte Tangente.

6.8 Flächeninhalt und Umfang

Ausgehend von den einfach zu berechnenden Flächeninhalten von Quadrat und Rechteck werden Flächeninhalte und Umfänge anderer Figuren gewonnen.

> **Quadrat und Rechteck**
> - Quadrat:
> $A_Q = a \cdot a = a^2$
> $u_Q = 4 \cdot a$
> - Rechteck:
> $A_R = a \cdot b$
> $u_R = 2 \cdot (a + b)$

Beispiel Ein Quadrat besitzt den Umfang u = 36 cm.
Welche Fläche besitzt es?

Lösung:
$u_Q = 4 \cdot a = 36\,\text{cm} \Rightarrow a = 9\,\text{cm}$
$A_Q = a^2 = (9\,\text{cm})^2 = 81\,\text{cm}^2$

> **Parallelogramm**
> Ein Parallelogramm ist flächengleich mit einem Rechteck, das eine Parallelogrammseite und die zugehörige Höhe als Seiten besitzt.
> $A_P = a \cdot h_a = b \cdot h_b$
> Allgemein gilt: $A_P = g \cdot h$
> $u_P = 2 \cdot (a + b)$

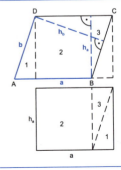

Beispiel

Ein Parallelogramm mit dem Flächeninhalt 480 cm² besitzt die Höhen $h_a = 12$ cm und $h_b = 16$ cm.
Wie groß ist der Umfang des Parallelogramms?

Lösung:

$A_P = a \cdot h_a \Rightarrow a = \frac{A_P}{h_a} = \frac{480}{12}$ cm $= 40$ cm

$A_P = b \cdot h_b \Rightarrow b = \frac{A_P}{h_b} = \frac{480}{16}$ cm $= 30$ cm

$u_P = 2 \cdot (a + b) = 2 \cdot (40$ cm $+ 30$ cm$) = 2 \cdot 70$ cm $= 140$ cm

Alle Parallelogramme mit gleicher Grundlinie und gleicher zugehöriger Höhe sind flächengleich. Ebenso sind alle Dreiecke mit gleicher Grundlinie und gleicher zugehöriger Höhe flächengleich.

Dreieck

Ein Dreieck ist flächengleich mit einem Rechteck, das eine Dreiecksseite und die halbe zugehörige Höhe als Seiten besitzt.

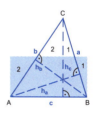

$A_\Delta = \frac{1}{2} \cdot a \cdot h_a = \frac{1}{2} \cdot b \cdot h_b = \frac{1}{2} \cdot c \cdot h_c$

Allgemein gilt: $A_\Delta = \frac{1}{2} \cdot g \cdot h$

$u_\Delta = a + b + c$

Für den Flächeninhalt eines gleichseitigen Dreiecks ergibt sich speziell:

$A_\Delta = \frac{a^2}{4} \sqrt{3}$

Beispiel

Welchen Flächeninhalt hat ein gleichseitiges Dreieck mit der Seitenlänge $a = 5$ cm?

Lösung:

$A = \frac{(5 \text{ cm})^2}{4} \sqrt{3} \approx 10{,}83$ cm²

2. Zeige, dass der Flächeninhalt einer **Raute** (und eines **Drachenvierecks**) mit den Diagonalen e und f auch in der Form $A = \frac{1}{2} \cdot e \cdot f$ berechnet werden kann.

Lösung:
Die Raute zerfällt in zwei Dreiecke ACD und ABC, deren Grundlinie jeweils e und deren Höhe jeweils $\frac{1}{2}$f ist. Damit ergibt sich:
$A = 2 \cdot \frac{1}{2}e \cdot \frac{1}{2}f = \frac{1}{2}e \cdot f$

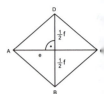

Auch das Trapez ist flächengleich mit einem Rechteck.

Trapez
Ein Trapez ist flächengleich mit einem Rechteck, das die Mittellinie $m = \frac{1}{2} \cdot (a+c)$ und die Höhe h als Seiten besitzt.

$A_{Tr} = m \cdot h = \frac{1}{2} \cdot (a+c) \cdot h$

$u_{Tr} = a + b + c + d$

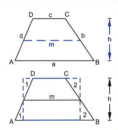

Beispiel Ein gleichschenkliges Trapez ABCD mit den Schenkellängen b = d = 4 cm besitzt den Umfang u = 28,4 cm sowie die Höhe h = 3,6 cm.
Wie groß ist der Flächeninhalt des Trapezes?

Lösung:
$u = a + b + c + d$
$\Rightarrow a + c = u - b - d = 28,4 \text{ cm} - 8 \text{ cm} = 20,4 \text{ cm}$

Damit folgt:
$A_{Tr} = \frac{1}{2} \cdot (a+c) \cdot h = \frac{1}{2} \cdot 20,4 \cdot 3,6 \text{ cm}^2 = 36,72 \text{ cm}^2$

Für Berechnungen am Kreis benötigt man den Radius r und den Durchmesser d.

> **Kreis**
> Im Kreis ist das Verhältnis vom
> Umfang u zum Durchmesser d eine
> konstante Zahl, die **Kreiszahl** π.
> $u_{Kr} = d \cdot \pi = 2 \cdot r \cdot \pi$
>
>
>
> Die **Fläche des Kreises** berechnet sich
> über:
>
> $A_{Kr} = r^2 \cdot \pi$
>
> Für die Länge eines **Kreisbogens b**
> erhält man:
>
> $b = \frac{\varphi}{360°} \cdot 2r\pi = \frac{\varphi}{180°} \cdot r\pi$
>
>
>
> Für die Fläche eines **Kreissektors S**
> erhält man:
>
> $A_S = \frac{\varphi}{360°} \cdot r^2\pi = \frac{1}{2} \cdot b \cdot r$

Beispiel

. Ein Gartentisch hat eine kreisförmige Tischplatte mit einem Durchmesser von 1,20 m.
Wie groß sind der Umfang und der Flächeninhalt dieser Tischplatte?

Lösung:
$u = 2r\pi = 1{,}20 \text{ m} \cdot \pi \approx 3{,}77 \text{ m}$
$A = r^2\pi = (0{,}6 \text{ m})^2 \pi \approx 1{,}13 \text{ m}^2$

. Der Bogen eines Kreissektors ist b = 3,6 cm lang, der Mittelpunktswinkel beträgt $\varphi = 76°$.
Bestimme den Inhalt A_S der Sektorfläche.

Lösung:
$b = \frac{\varphi}{180°} \cdot r\pi \Rightarrow r = \frac{b \cdot 180°}{\varphi \cdot \pi}$

$A_S = \frac{1}{2} b \cdot r = \frac{1}{2} \cdot \frac{b^2 \cdot 180°}{\varphi \cdot \pi} = \frac{1}{2} \cdot \frac{(3{,}6 \text{ cm})^2 \cdot 180°}{76° \cdot \pi} \approx 4{,}89 \text{ cm}^2$

Durch **Zerlegung von Figuren** lassen sich viele weitere Flächeninhalte berechnen. Dies gilt zum Beispiel für alle n-Ecke.

Beispiel In einem rechtwinkligen Koordinatensystem bestimmen die Punkte A(0|1), B(3|0), C(5|3), D(4|5) und E(1|4) ein Fünfeck.
Berechne den Flächeninhalt A_F dieses Fünfecks.

Lösung:
Fläche als Differenz der Quadratsfläche mit a = 5 cm und den Dreiecken, die das Fünfeck vom Quadrat abgrenzen

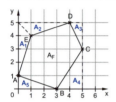

$$A_F = A_Q - (A_1 + A_2 + A_3 + A_4 + A_5)$$
$$= 25\,\text{cm}^2 - (2\,\text{cm}^2 + 2\,\text{cm}^2 + 1\,\text{cm}^2 + 3\,\text{cm}^2 + 1,5\,\text{cm}^2)$$
$$= 25\,\text{cm}^2 - 9,5\,\text{cm}^2$$
$$= 15,5\,\text{cm}^2$$

oder:
Zerlegung des Fünfecks in Dreiecks- und Vielecksflächen, deren Seiten achsenparallel verlaufen

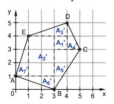

$$A_F = A_1' + A_2' + A_3' + A_4' + A_5' + A_6' + A_7'$$
$$= 1\,\text{cm}^2 + 6\,\text{cm}^2 + 1,5\,\text{cm}^2 + 1\,\text{cm}^2 + 3\,\text{cm}^2 + 1,5\,\text{cm}^2$$
$$\quad + 1,5\,\text{cm}^2$$
$$= 15,5\,\text{cm}^2$$

6.9 Strahlensatz und ähnliche Dreiecke

Wie breit ist der Fluss? Wie weit ist der Mond entfernt? Um Abstände oder Entfernungen zu berechnen, können oft Beziehungen zu gegebenen Längen ausgenutzt werden.

Strahlensatz
Werden zwei sich im Punkt Z schneidende Geraden von zwei zueinander parallelen Geraden außerhalb von Z geschnitten, so gilt:
- Je zwei Abschnitte auf der einen Geraden verhalten sich so zueinander wie die entsprechenden Abschnitte auf der anderen Geraden.

$$\frac{a}{a'} = \frac{b}{b'} \quad \text{und} \quad \frac{a'-a}{a} = \frac{b'-b}{b}$$

- Die Abschnitte auf den Parallelen verhalten sich so zueinander wie die Entfernungen entsprechender Streckenpunkte vom Schnittpunkt Z.

$$\frac{a'}{a} = \frac{b'}{b}$$

Beispiel

1. Die Geraden g, h und k sind parallel. Berechne die Längen a, b und c mithilfe der angegebenen Längen in cm (Skizze nur Überlegungsfigur, Maße in cm).

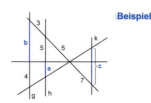

Lösung:
Nach dem Strahlensatz gilt:

$\frac{b}{5} = \frac{5+3}{5} \quad \Rightarrow \quad b = 8 \,[\text{cm}]$

$\frac{a}{4} = \frac{5}{8} \quad \Rightarrow \quad a = \frac{20}{8} = 2{,}5 \,[\text{cm}]$

$\frac{c}{b+4} = \frac{7}{5+3} \quad \Rightarrow \quad c = \frac{7}{8} \cdot 12 = 10{,}5 \,[\text{cm}]$

2. Berechne die Breite x des Flusses mithilfe der in der Skizze angegebenen Maße (Skizze nur Überlegungsfigur).

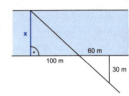

Lösung:
Nach dem Strahlensatz folgt:

$\frac{x}{30} = \frac{100}{60} \quad \Rightarrow \quad x = \frac{100}{60} \cdot 30 = 50 \,[\text{m}]$

Der Fluss ist 50 m breit.

Durch Vergrößern und Verkleinern von Figuren können **ähnliche Figuren** erzeugt werden.

> **Gemeinsamkeiten ähnlicher Figuren**
> - Entsprechende Winkel sind gleich groß.
> - Entsprechende Längenverhältnisse bleiben trotz Vergrößerung oder Verkleinerung gleich.

Beispiel Ein reguläres Sechseck mit der Seite $a = 5$ cm ist einem zweiten regulären Sechseck mit der Seite $a' = 8$ cm ähnlich.
Wie verhalten sich die Umfänge und die Flächen der beiden Sechsecke zueinander?

Lösung:

$u = 6 \cdot a$ und $u' = 6 \cdot a' \quad \Rightarrow \quad \frac{u'}{u} = \frac{6a'}{6a} = \frac{a'}{a} = \frac{8}{5} \quad \Rightarrow \quad u' = 1{,}6 \cdot u$

$\frac{A'}{A} = \left(\frac{8}{5}\right)^2 = \frac{64}{25} \quad \Rightarrow \quad A' = 2{,}56 \cdot A$

Ähnliche Dreiecke sind mittels folgender Ähnlichkeitssätze schnell zu erkennen:

> **Ähnlichkeitssätze für Dreiecke**
> - **W : W-Satz:** Zwei Dreiecke sind ähnlich, falls sie in zwei Winkeln übereinstimmen.
> - **S : S : S-Satz:** Zwei Dreiecke sind ähnlich, falls die Längenverhältnisse entsprechender Seiten übereinstimmen.
> - **S : W : S-Satz:** Zwei Dreiecke sind ähnlich, falls das Verhältnis zweier Seitenlängen und der eingeschlossene Winkel übereinstimmen.
> - **S : s : W-Satz:** Zwei Dreiecke sind ähnlich, falls sie im Verhältnis zweier gleichliegender Seiten und im Gegenwinkel der größeren der beiden Seiten übereinstimmen.

Beispiel

Ein Turm der Höhe h wirft einen Schatten von 42,6 m Länge, ein senkrecht aufgestellter Stab von 1 m Höhe wirft einen Schatten von 0,6 m Länge. Es wird angenommen, dass die Sonnenstrahlen parallel verlaufen.
Wie hoch ist der Turm?

Lösung:
Zeichnet man beide Situationen auf, so erkennt man, dass es sich um ähnliche Dreiecke handelt, denn sie stimmen in zwei Winkeln überein.
Die Seiten stehen damit im gleichen Verhältnis, d. h., es gilt:

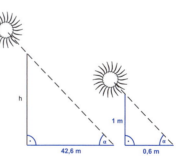

$$\frac{h}{42,6\,m} = \frac{1\,m}{0,6\,m}$$

$$\Rightarrow \quad h = \frac{1\,m}{0,6\,m} \cdot 42,6\,m = 71\,m$$

Der Turm ist 71 m hoch.

6.10 Satzgruppe des Pythagoras

Der Lehrsatz des Pythagoras über rechtwinklige Dreiecke ist einer der ältesten und am häufigsten verwendeten Lehrsätze der Mathematik. Die Satzgruppe enthält neben dem Satz des Pythagoras und seiner Verallgemeinerung noch den Höhensatz und den Kathetensatz.

Die Bezeichnungen werden so wie in der folgenden Skizze verwendet.

Jedes rechtwinklige Dreieck ABC ($\gamma = 90°$) mit der Hypotenuse c und den Katheten a und b wird durch die Höhe h in die Teildreiecke ADC und CDB zerlegt.

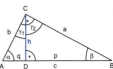

Die beiden Teildreiecke und das ganze Dreieck stimmen in allen Winkeln überein, denn es gilt:

$\gamma_2 + \beta = 90°$ und $\alpha + \beta = 90°$ $\Rightarrow$ $\alpha = \gamma_2$
$\alpha + \gamma_1 = 90°$ und $\alpha + \beta = 90°$ $\Rightarrow$ $\beta = \gamma_1$

Die beiden Teildreiecke ADC und CDB und das Dreieck ABC sind aufgrund des Ähnlichkeitssatzes W : W ähnlich. Sie besitzen also gleiche Seitenverhältnisse:

$\overline{AD} : \overline{DC} = \overline{CD} : \overline{DB}$ $\Rightarrow$ $q : h = h : p$ $\Rightarrow$ $h^2 = p \cdot q$

Damit ist der Höhensatz abgeleitet.

> **Höhensatz**
> In jedem rechtwinkligen Dreieck ist das Quadrat über der Höhe flächengleich mit dem Rechteck aus den beiden Hypotenusenabschnitten.
> $h^2 = p \cdot q$

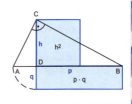

Beispiel Ein rechtwinkliges Dreieck ABC mit $\gamma = 90°$ hat die Hypotenusenabschnitte p = 3,2 cm und q = 5 cm.
Wie groß ist der Flächeninhalt des Dreiecks ABC?

Lösung:
$A = \frac{1}{2} \cdot c \cdot h$
$c = p + q = 3,2 \text{ cm} + 5 \text{ cm} = 8,2 \text{ cm}$
$h^2 = p \cdot q = 3,2 \text{ cm} \cdot 5 \text{ cm} = 16 \text{ cm}^2 \;\Rightarrow\; h = 4 \text{ cm}$
$\Rightarrow\; A = \frac{1}{2} \cdot 8,2 \text{ cm} \cdot 4 \text{ cm} = 16,4 \text{ cm}^2$

Da die Teildreiecke ADC und CDB ähnlich zum Gesamtdreieck ABC sind, gilt außerdem:
$\overline{AD} : \overline{AC} = \overline{AC} : \overline{AB} \;\Rightarrow\; q : b = b : c \;\Rightarrow\; b^2 = c \cdot q$
$\overline{DB} : \overline{BC} = \overline{BC} : \overline{AB} \;\Rightarrow\; p : a = a : c \;\Rightarrow\; a^2 = c \cdot p$
Diese Aussage heißt:

Kathetensatz
Das Quadrat über einer Kathete eines rechtwinkligen Dreiecks ist flächengleich mit dem Rechteck aus der Hypotenuse und dem der Kathete anliegenden Hypotenusenabschnitt:
$a^2 = c \cdot p$ und $b^2 = c \cdot q$

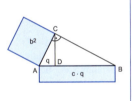

In einem rechtwinkligen Dreieck ABC mit $\gamma = 90°$ gilt: **Beispiel**
$b = 4,2$ cm und $h = 3,36$ cm.
Berechne die Länge der 2. Kathete a und der Hypotenuse c.

Lösung:
Höhensatz: $h^2 = p \cdot q$
Kathetensatz:
$b^2 = c \cdot q = (p + q) q = q^2 + p \cdot q$
$\quad = q^2 + h^2$
$\Rightarrow\; q^2 = b^2 - h^2$
$\quad = (4,2 \text{ cm})^2 - (3,36 \text{ cm})^2$
$\quad = 6,3504 \text{ cm}^2$

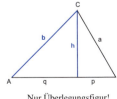

Nur Überlegungsfigur!

$\Rightarrow \quad q = 2{,}52 \text{ cm}$

$b^2 = c \cdot q \quad \Rightarrow \quad c = \frac{b^2}{q} = \frac{(4{,}2\,\text{cm})^2}{2{,}52\,\text{cm}} = 7\,\text{cm}$

$p + q = c \quad \Rightarrow \quad p = c - q = 7\,\text{cm} - 2{,}52\,\text{cm} = 4{,}48\,\text{cm}$

$a^2 = c \cdot p \quad \Rightarrow \quad a = \sqrt{7\,\text{cm} \cdot 4{,}48\,\text{cm}} = 5{,}6\,\text{cm}$

Bildet man die Summe der beiden Ausdrücke im Kathetensatz, so erhält man den Satz des Pythagoras.

> **Satz des Pythagoras**
> Die Flächensumme der beiden Kathetenquadrate eines rechtwinkligen Dreiecks ist genauso groß wie der Flächeninhalt des Quadrates über der Hypotenuse:
> $a^2 + b^2 = c^2$
>
> Es gilt auch die **Umkehrung**:
> Wenn in einem Dreieck ABC die Beziehung $a^2 + b^2 = c^2$ gilt, dann ist das Dreieck bei C rechtwinklig.

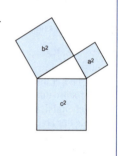

Beispiel Im rechtwinkligen Dreieck der Skizze sind die Längen h = 3 cm und b = 5 cm gegeben.
Berechne die Länge c.

Lösung:
Satz des Pythagoras im $\triangle ADC$:
$b^2 = q^2 + h^2 \quad \Rightarrow \quad q^2 = b^2 - h^2 = (5\,\text{cm})^2 - (3\,\text{cm})^2 = 16\,\text{cm}^2$
$\Rightarrow \quad q = 4\,\text{cm}$

Höhensatz:
$h^2 = p \cdot q \quad \Rightarrow \quad p = \frac{h^2}{q} = \frac{(3\,\text{cm})^2}{4\,\text{cm}} = 2{,}25\,\text{cm}$

$c = p + q = 2{,}25\,\text{cm} + 4\,\text{cm} = 6{,}25\,\text{cm}$

7 Räumliche Geometrie

Ein geometrischer Körper ist eine räumliche Figur, die durch ebene oder gekrümmte Flächen vollständig begrenzt wird. Man unterscheidet Körper, die
- nur ebene Begrenzungsflächen besitzen und bei denen die Anzahlen der Ecken, Kanten und Flächen charakteristisch sind (z. B. Würfel, Quader, Prisma, Pyramide),
- von ebenen und gekrümmten Flächen begrenzt sind (z. B. Zylinder und Kegel),
- nur von gekrümmten Flächen begrenzt sind (z. B. Kugel).

Auch räumliche Körper können in der Zeichenebene dargestellt werden. Meist verwendet man das **Schrägbild**, in dem der Körper aus schräger Perspektive dreidimensional dargestellt wird. Wird ein Körper (gedanklich) aufgeschnitten und können alle Begrenzungsflächen in die Ebene geklappt oder abgerollt werden, so entsteht das **Netz** eines Körpers.

7.1 Quader und Würfel

Quader und Würfel

Ein **Quader** ist ein Körper mit
- sechs rechteckigen Flächen, wobei gegenüberliegende Flächen kongruent sind,
- lauter rechten Winkeln,
- zwölf Kanten, von denen jeweils vier gleich lang und zueinander parallel sind.

Schrägbild eines Quaders:

Ein **Würfel** ist ein spezieller Quader. Er besitzt
- sechs gleich große quadratische Flächen,
- lauter rechte Winkel,
- zwölf gleich lange Kanten.

Schrägbild eines Würfels:

Die Netze von Quadern und Würfeln bestehen aus lauter zusammenhängenden rechteckigen bzw. quadratischen Flächen. Da es mehrere Möglichkeiten gibt, einen Quader bzw. einen Würfel aufzufalten, gibt es auch mehrere Netze. Im Folgenden werden nicht alle Möglichkeiten dargestellt, sondern jeweils nur ein Beispiel gegeben.

Netz von Quader und Würfel
- Beispiel für ein Netz eines Quaders:
- Beispiel für ein Netz eines Würfels:

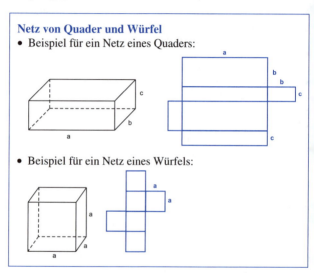

Beispiel Zeichne ein Netz des nebenstehenden Würfels und bezeichne dort alle Eckpunkte, besonders Grund- und Deckfläche.

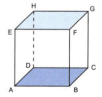

Lösung:

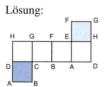

Sind Länge, Breite und Höhe eines Quaders gegeben, so lassen sich sein Volumen sowie sein Oberflächeninhalt berechnen.

> **Volumen und Oberflächeninhalt von Quader und Würfel**
>
> Ein Quader mit Länge a, Breite b und Höhe c hat ein Volumen von
>
> $V_Q = a \cdot b \cdot c$
>
> und einen Oberflächeninhalt von
>
> $O_Q = 2ab + 2ac + 2bc$.
>
>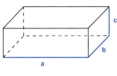
>
> Ein Würfel mit Seitenlänge a hat ein Volumen von
>
> $V_W = a^3$
>
> und einen Oberflächeninhalt von
>
> $O_W = 6a^2$.
>
>

1. Ein Quader hat die Abmessungen a = 6 dm, b = 12 cm und c = 80 mm. **Beispiel**
   Berechne seine Oberfläche sowie sein Volumen.

   Lösung:
   a = 6 dm = 60 cm, b = 12 cm, c = 80 mm = 8 cm

   $O_Q = 2 \cdot 60 \cdot 12 \text{ cm}^2 + 2 \cdot 60 \cdot 8 \text{ cm}^2 + 2 \cdot 12 \cdot 8 \text{ cm}^2$
   $= 1\,440 \text{ cm}^2 + 960 \text{ cm}^2 + 192 \text{ cm}^2 = 2\,592 \text{ cm}^2$

   $V_Q = a \cdot b \cdot c = 60 \cdot 12 \cdot 8 \text{ cm}^3 = 5\,760 \text{ cm}^3$

2. Die Oberfläche eines Würfels beträgt 294 dm². Wie groß sind die Kantenlänge des Würfels und sein Volumen?

   Lösung:
   $6a^2 = 294 \text{ dm}^2$
   $a^2 = 294 \text{ dm}^2 : 6$
   $a^2 = 49 \text{ dm}^2 \implies a = 7 \text{ dm}$

   $V_W = a^3 = (7 \text{ dm})^3 = 343 \text{ dm}^3$

7.2 Gerades Prisma

Ein Prisma entsteht durch Parallelverschiebung eines Vielecks längs einer Geraden, die nicht in der Vieleckebene liegt. Erfolgt die Parallelverschiebung senkrecht zur Vieleckebene, dann heißt das Prisma gerade.

> **Gerades Prisma**
> Ein **gerades Prisma** hat die Eigenschaften:
> - Grund- und Deckfläche sind kongruente n-Ecke, die parallel zueinander sind.
> - Alle Seitenflächen, die den sogennanten Mantel bilden, sind Rechtecke.
> - Alle Seitenkanten sind parallel und gleich lang.

Schrägbild zweier Prismen:

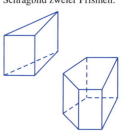

Die Anzahl der Flächen des Netzes eines geraden Prismas hängt von der Grundfläche des Prismas ab. Das Netz besteht allgemein aus zwei n-Ecken und n Seitenflächen.

> **Netz eines geraden Prismas**
> Beispiel: Gerades Prisma mit dreieckiger Grundfläche
>
>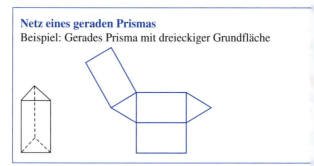

Für die Berechnung des Prismavolumens braucht man neben der Grundfläche und der Höhe noch eine dritte Größe, die **Mantelfläche**. Die Mantelfläche ist die Summe aller Begrenzungsflächen außer der Grund- und Deckfläche.

Volumen und Oberflächeninhalt eines Prismas
Sind G die Grundfläche und h die Höhe des geraden Prismas, so erhält man sein Volumen zu
$$V_{Pr} = G \cdot h.$$
Ist u der Umfang des n-Ecks der Grundfläche, so erhält man die Mantelfläche durch
$$M_{Pr} = u \cdot h.$$
Aus diesen Größen ergibt sich der Oberflächeninhalt $O_{Pr} = 2 \cdot G + M$.

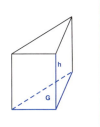

Der Querschnitt eines Bleibarrens mit der Länge b = 6 cm ist ein gleichschenkliges Trapez mit dem Umfang u = 11,9 cm und einer Höhe von 2 cm. **Beispiel**

a) Berechne die Fläche G des Trapezes.
b) Berechne die Oberfläche O des Bleibarrens.
c) Berechne das Gewicht des Bleibarrens, wenn 1 cm³ Blei 11,34 g wiegt.

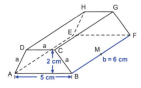

Lösung:

a) $u = 3a + 5\,\text{cm} \Rightarrow a = \frac{u - 5\,\text{cm}}{3} = \frac{11,9\,\text{cm} - 5\,\text{cm}}{3} = 2,3\,\text{cm}$
   $G = \frac{1}{2}(5\,\text{cm} + 2,3\,\text{cm}) \cdot 2\,\text{cm} = 7,3\,\text{cm}^2$

b) $O = 2 \cdot G + (3a + 5\,\text{cm}) \cdot b$
   $= 2 \cdot 7,3\,\text{cm}^2 + (3 \cdot 2,3\,\text{cm} + 5\,\text{cm}) \cdot 6\,\text{cm}$
   $= 14,6\,\text{cm}^2 + 71,4\,\text{cm}^2 = 86\,\text{cm}^2$

c) Gewicht $= 7,3\,\text{cm}^2 \cdot 6\,\text{cm} \cdot 11,34\,\frac{g}{\text{cm}^3} \approx 497\,g$

7.3 Gerader Kreiszylinder

Rotiert ein Viereck ABCD um eine Seite als Drehachse, so entsteht ein gerader Kreiszylinder. Die Gerade AD heißt Zylinderachse, die Seite [BC], die während der Drehung den **Zylindermantel M** beschreibt, heißt **Mantellinie m**. Die Länge der Mantellinie heißt auch **Höhe h** des Zylinders. Die Seiten [AB] und [DC] beschreiben die Grundflächen (Grund- und Deckfläche) des Zylinders.

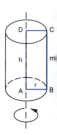

Gerader Kreiszylinder
Ein **gerader Kreiszylinder** hat die Eigenschaften:
- Grund- und Deckfläche sind Kreise, die parallel zueinander sind.
- Die Mantelfläche des Zylinders ist ein Rechteck.

Schrägbild eines Zylinders:

Das **Netz eines geraden Kreiszylinders** besteht aus zwei Kreisen (Grundflächen) und einem Rechteck (Mantelfläche).

Netz eines geraden Kreiszylinders

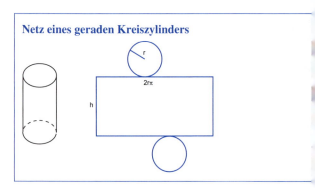

Für die Berechnung des Kreiszylindervolumens braucht man unter anderem die Formel für einen Kreis und seinen Umfang.

> **Volumen und Oberflächeninhalt eines Kreiszylinders**
> Sind G die Grundfläche und h die Höhe des Kreiszylinders, so erhält man sein Volumen zu
> $V_Z = G \cdot h = r^2\pi h$.
> Die Mantelfläche ergibt sich nach Aufschneiden längs einer Mantellinie und Ausbreiten in die Ebene als Rechteck, das den Umfang $u = 2r\pi$ und die Höhe h als Seiten besitzt:
> $M_Z = 2r\pi h$
> Die Oberfläche ergibt sich als Summe der Grund- und Deckfläche sowie der Mantelfläche:
> $O_Z = 2r^2\pi + 2r\pi h = 2r\pi(r + h)$

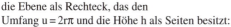

Von einem geraden Kreiszylinder kennt man seine Mantelfläche **Beispiel**
$M = 120$ cm^2 und sein Volumen $V = 330$ cm^3.
Bestimme Radius und Höhe des Zylinders.

Lösung:

Aus $M = 2r\pi h = 120$ cm^2 und $V = r^2\pi h = 330$ cm^3 folgt:

$\frac{V}{M} = \frac{r^2\pi h}{2r\pi h} = \frac{r}{2} = \frac{330}{120}$ cm $= 2,75$ cm $\;\Rightarrow\; r = 5,5$ cm

Aus $M = 2r\pi h$ erhält man $h = \frac{M}{2r\pi} = \frac{120}{11\pi}$ cm $\approx 3,47$ cm.

7.4 Pyramide

Eine Pyramide entsteht, wenn man die Eckpunkte eines Vielecks mit einem Punkt S außerhalb der Vielecksebene mit Strecken verbindet. Das Vieleck heißt **Grundfläche G**, die Dreiecksflächen zwischen den Vieleckseiten und der Spitze heißen **Seitenflächen**. Das Lot von der Spitze S auf die Grundfläche G heißt **Höhe h** der Pyramide.

Eine Pyramide heißt **gerade**, wenn die Grundfläche der Pyramide einen Umkreis besitzt und der Höhenfußpunkt F der Mittelpunkt dieses Umkreises ist, d. h., wenn die Seitenkanten der Mantelfläche der Pyramide gleich lang sind.

Pyramide

Eine **Pyramide** besteht aus
- einem n-Eck als Grundfläche,
- n Dreiecksflächen als Seitenflächen (= Mantelfläche),
- einer Spitze S.

Das Lot von der Spitze S auf die Grundfläche G heißt Höhe h der Pyramide.

Schrägbild einer Pyramide:

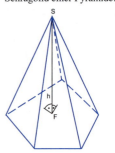

Die Anzahl der Flächen des Netzes einer Pyramide hängt von der Grundfläche der Pyramide ab. Das Netz besteht allgemein aus einem n-Eck und n Seitenflächen.

Netz einer Pyramide

Beispiel: Pyramide mit dreieckiger Grundfläche

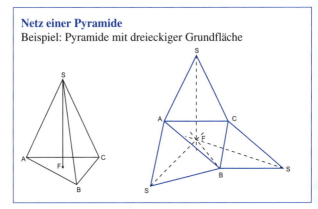

Jedes Prisma kann in drei volumengleiche Pyramiden zerlegt werden (Prinzip von Cavalieri). Hieraus lässt sich die Volumenformel einer Pyramide ableiten.

> **Volumen und Oberflächeninhalt einer Pyramide**
> Die Pyramide hat ein Volumen von:
>
> $V_{Pyr} = \frac{1}{3} \cdot G \cdot h$
>
> Der Oberflächeninhalt einer Pyramide
> setzt sich aus der Grundfläche (n-Eck)
> und der Summe der Seitenflächen
> (= Mantelfläche) zusammen:
>
> $O_{Pyr} = G + M$

Beispiel

Die Dachfläche eines Kirchturms ist eine Pyramide mit quadratischer Grundfläche (a = 6 m) und der Höhe h = 8 m.
Welche Fläche muss überdeckt werden, wenn das Dach mit Kupferblech neu eingedeckt werden soll, und welches Luftvolumen befindet sich in der Pyramide?

Lösung:
Im Dreieck FES gilt der Satz des Pythagoras:

$s^2 = \left(\frac{a}{2}\right)^2 + h^2 = 9 \text{ m}^2 + 64 \text{ m}^2 = 73 \text{ m}^2$

$\Rightarrow s = \sqrt{73 \text{ m}^2} \approx 8{,}54 \text{ m}$

Die zu überdeckende Fläche ist die
Mantelfläche. Sie setzt sich aus den
vier Seitenflächen zusammen.

$M = 4 \cdot \frac{1}{2} \cdot a \cdot s \approx 2 \cdot 6 \text{ m} \cdot 8{,}54 \text{ m}$
$= 102{,}48 \text{ m}^2$

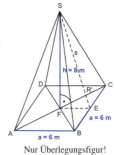

Nur Überlegungsfigur!

Sie hat einen Inhalt von 102,48 m².

$V = \frac{1}{3} \cdot G \cdot h = \frac{1}{3} \cdot a^2 \cdot h = \frac{1}{3} \cdot 36 \text{ m}^2 \cdot 8 \text{ m} = 96 \text{ m}^3$

Der Luftraum hat ein Volumen von 96 m³.

7.5 Gerader Kreiskegel

Wenn man von einem „Kegel" spricht, dann meint man im Allgemeinen den Spezialfall des geraden Kreiskegels, der durch einen Grundkreis mit dem Mittelpunkt M und einem Punkt S (Spitze) festgelegt ist. Liegt S genau über M, dann heißt der Kreiskegel gerade.

> **Gerader Kreiskegel**
> Rotiert ein rechtwinkliges Dreieck um eine seiner Katheten als Drehachse, so entsteht ein gerader Kreiskegel. Die Hypotenuse, die während der Drehung den **Kegelmantel M** bildet, heißt **Mantellinie m**. Die andere Kathete beschreibt die kreisförmige Grundfläche G.
>
>
>
> Eigenschaften:
> - Alle Mantellinien treffen sich in der Spitze S des Kegels.
> - Der Abstand der Spitze von der Grundfläche heißt **Höhe h** des Kegels.
> - Die Mantellinie m, die Höhe h und der Grundkreisradius r sind über den Satz des Pythagoras miteinander verknüpft. Es gilt: $r^2 + h^2 = m^2$

Die Mantelfläche des Kegels ergibt sich nach Aufschneiden längs einer Mantellinie und Ausbreiten in die Ebene als Kreissektor.

> **Netz eines geraden Kreiskegels**
>
>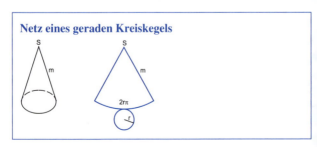

Das Volumen eines geraden Kegels ergibt sich wie bei der geraden Pyramide.

> **Volumen und Oberflächeninhalt eines geraden Kegels**
> Das Volumen berechnet sich über:
> $V_{Ke} = \frac{1}{3} G \cdot h = \frac{1}{3} r^2 \pi h$
>
> Mit der Formel für die Mantelfläche
> $M_{Ke} = r\pi m$
> und der Formel für die Grundfläche
> $r^2\pi$ erhält man den Oberflächeninhalt:
> $O_{Ke} = M + G = r\pi m + r^2\pi$

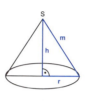

Beispiel

Von einem geraden Kreiskegel kennt man die Mantelfläche $M = 120 \text{ cm}^2$ und die Oberfläche $O = 150 \text{ cm}^2$.
Bestimme den Radius r, die Höhe h sowie das Volumen V des Kegels.

Lösung:
Aus $O = M + G$ folgt:
$G = O - M = 150 \text{ cm}^2 - 120 \text{ cm}^2 = 30 \text{ cm}^2 = r^2\pi$

Hieraus lässt sich der Radius r berechnen:
$r = \sqrt{\frac{30}{\pi} \text{ cm}^2} \approx 3{,}09 \text{ cm}$

Aus $M = r\pi m = 120 \text{ cm}^2$ erhält man:
$m = \frac{120}{r\pi} \approx \frac{120}{3{,}09 \cdot \pi} \text{ cm} \approx 12{,}36 \text{ cm}$

Um die Höhe h zu berechnen, muss man den Satz des Pythagoras anwenden:
$m^2 = r^2 + h^2$
$\Rightarrow \ h = \sqrt{m^2 - r^2} \approx \sqrt{12{,}36^2 - 3{,}09^2} \text{ cm} \approx 11{,}97 \text{ cm}$

Das Volumen ergibt sich nun zu:
$V = \frac{1}{3} G \cdot h \approx \frac{1}{3} \cdot 30 \text{ cm}^2 \cdot 11{,}97 \text{ cm} = 119{,}7 \text{ cm}^3$

7.6 Kugel

Die Kugel ist der „vollkommenste" mathematische Körper.

Kugel
Rotiert ein Kreis mit Radius r um seinen Durchmesser d, so beschreibt die Kreislinie eine Kugel.
Die Kugel ist die Menge der Punkte des Raumes, die von einem festen Punkt M die Entfernung r besitzen.

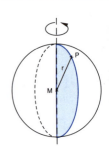

Für alle Kugeln gilt:
- Da jeweils nur zwei Punkte der Kugelfläche auf einer Geraden liegen, enthält die Kugeloberfläche keine Strecken. Somit gibt es keine Darstellung der Kugel als Netz.
- Jede Ebene, deren Abstand vom Kugelmittelpunkt kleiner als r ist, schneidet die Kugelfläche in einem Kreis. Enthält die Schnittebene den Mittelpunkt M, so heißt der Schnittkreis **Großkreis**, ansonsten **Kleinkreis**.

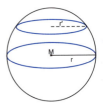

Für die Berechnung von Volumen und Oberflächeninhalt einer Kugel muss nur der Radius der Kugel bekannt sein.

Volumen und Oberflächeninhalt einer Kugel
Volumen:
$$V_{Ku} = \tfrac{4}{3} r^3 \pi$$
Oberflächeninhalt:
$$O_{Ku} = 4 r^2 \pi$$

1. Der Radius einer aufblasbaren Kugel nimmt um 10 % zu. **Beispiel**
   Um wie viel % nehmen dadurch Oberfläche und Volumen
   der Kugel zu?

   Lösung:
   Neuer Radius: $R = 1,1 \cdot r$

   Oberflächen:
   $$p_1 = \frac{O_{neu} - O_{alt}}{O_{alt}} \cdot 100\,\% = \frac{4 \cdot (1,1r)^2 \pi - 4r^2\pi}{4r^2\pi} \cdot 100\,\%$$
   $$= \frac{4r^2\pi(1,1^2 - 1)}{4r^2\pi} \cdot 100\,\% = 21\,\%$$

   Volumina:
   $$p_2 = \frac{V_{neu} - V_{alt}}{V_{alt}} \cdot 100\,\% = \frac{\frac{4}{3}(1,1r)^3\pi - \frac{4}{3}r^3\pi}{\frac{4}{3}r^3\pi} \cdot 100\,\%$$
   $$= \frac{\frac{4}{3}r^3\pi(1,1^3 - 1)}{\frac{4}{3}r^3\pi} \cdot 100\,\% = 33,1\,\%$$

2. Eine Kugel mit der Oberfläche $O = 16\pi$ wird von einer Ebene
   im Abstand $d = 1,2$ zum Mittelpunkt geschnitten.
   Berechne die Fläche des Schnittkreises.

   Lösung:
   $4r^2\pi = 16\pi \;\Rightarrow\; r^2 = 4 \;\Rightarrow\; r = 2$
   $R^2 = r^2 - 1,2^2 = 4 - 1,44 = 2,56$
   $A_S = R^2\pi = 2,56\pi$

   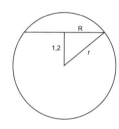

8 Trigonometrie

Maßstäbliche Zeichnungen und Messungen von geeigneten Winkeln und Strecken geben die Möglichkeit, unbekannte Längen und Winkel zu bestimmen. Die Genauigkeit einer zeichnerischen Lösung reicht aber bei vielen Aufgabenstellungen nicht aus. Für die exakte Berechnung von Winkeln und Seitenlängen braucht man Formeln und ganz neue Winkelbegriffe.

8.1 sin, cos und tan im rechtwinkligen Dreieck

In allen rechtwinkligen Dreiecken, die in einem spitzen Winkel übereinstimmen, sind die Verhältnisse der entsprechenden Seiten zueinander gleich. Diesen Längenverhältnissen gibt man besondere Namen.

Definition der Winkelfunktionen
- **Sinus:**
$$\sin\alpha = \frac{\text{Gegenkathete von }\alpha}{\text{Hypotenuse}} = \frac{a}{c}$$
- **Kosinus:**
$$\cos\alpha = \frac{\text{Ankathete von }\alpha}{\text{Hypotenuse}} = \frac{b}{c}$$
- **Tangens:**
$$\tan\alpha = \frac{\text{Gegenkathete von }\alpha}{\text{Ankathete von }\alpha} = \frac{a}{b}$$

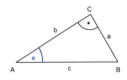

Beispiel Bestimme aus der nebenstehenden Skizze jeweils die Winkelfunktionsterme für $\sin\delta$, $\sin\rho$, $\cos\delta$, $\cos\rho$, $\tan\delta$ und $\tan\rho$.

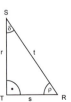

Lösung:
$$\sin\delta = \tfrac{s}{t} \qquad\qquad \sin\rho = \tfrac{r}{t}$$
$$\cos\delta = \tfrac{r}{t}(=\sin\rho) \qquad \cos\rho = \tfrac{s}{t}(=\sin\delta)$$
$$\tan\delta = \tfrac{s}{r} \qquad\qquad \tan\rho = \tfrac{r}{s}$$

Da aus geometrischen Gründen die Hypotenuse die längste Seite im rechtwinkligen Dreieck ist, gilt immer **sin α ≤ 1** und **cos α ≤ 1**. Für bestimmte Winkel ergeben sich besondere Werte für Sinus, Kosinus und Tangens.

Besondere Werte

$\sin 0° = 0$	$\cos 0° = 1$	$\tan 0° = 0$
$\sin 30° = \tfrac{1}{2}$	$\cos 30° = \tfrac{1}{2}\sqrt{3}$	$\tan 30° = \tfrac{1}{3}\sqrt{3}$
$\sin 45° = \tfrac{1}{2}\sqrt{2}$	$\cos 45° = \tfrac{1}{2}\sqrt{2}$	$\tan 45° = 1$
$\sin 60° = \tfrac{1}{2}\sqrt{3}$	$\cos 60° = \tfrac{1}{2}$	$\tan 60° = \sqrt{3}$
$\sin 90° = 1$	$\cos 90° = 0$	$\tan 90°$ nicht definiert

Werte für diese und weitere Winkel kann man dem Taschenrechner entnehmen: Will man Winkelwerte im Gradmaß verwenden, muss der Rechner im **DEG-Modus** sein. Die entsprechende Taste liefert den gesuchten Wert.

. Berechne $\sin 42{,}34°$. **Beispiel**

Lösung:
Tastenfolge: [sin]   42,34   Anzeige: 0,6735287
⇒ $\sin 42{,}34° \approx 0{,}6735$

Beachte: Bei manchen Rechnern erfolgt zuerst die Eingabe vom Winkel und dann die von Sinus.

. Berechne aus $\sin\alpha = 0{,}3588$ den zugehörigen Winkel.

Lösung:
Tastenfolge: [sin⁻¹]   0,3588   Anzeige: 21,0265181
⇒ $\sin\alpha = 0{,}3588$ ⇒ $\alpha \approx 21{,}03°$

Aus der Definition der Winkelfunktionen und der Beziehung in einem rechtwinkligen Dreieck können auch unter Berücksichtigung des Satzes von Pythagoras einige Folgerungen gezogen werden.

> **Elementare Beziehungen**
> - $\sin \alpha = \cos(90° - \alpha)$
> - $\cos \alpha = \sin(90° - \alpha)$
> - $\tan \alpha = \frac{\sin \alpha}{\cos \alpha}$
> - $\sin^2 \alpha + \cos^2 \alpha = 1$ (Satz des Pythagoras)

Beispiel Vereinfache den Ausdruck $\frac{1 - \cos^2 \alpha}{\cos \alpha \sin \alpha}$.

Lösung:
$\frac{1 - \cos^2 \alpha}{\cos \alpha \sin \alpha} = \frac{\sin^2 \alpha}{\cos \alpha \sin \alpha} = \frac{\sin \alpha}{\cos \alpha} = \tan \alpha$

8.2 sin, cos und tan im Einheitskreis

Liegt ein Punkt $P(x|y)$ auf dem Einheitskreis im 1. Quadranten, so gilt für seine Koordinaten:
$x = \cos \alpha$ und $y = \sin \alpha$
Diese Definition überträgt man auf beliebige Punkte des Einheitskreises.

Im **2. Quadranten** gilt für $\alpha_2 = 180° - \alpha$:
$\sin(180° - \alpha) = \sin \alpha$
$\cos(180° - \alpha) = -\cos \alpha$
$\tan(180° - \alpha) = -\tan \alpha$

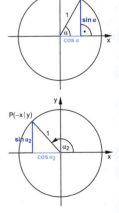

Im **3. Quadranten** gilt für
$\alpha_3 = 180° + \alpha$:
$\sin(180° + \alpha) = -\sin\alpha$
$\cos(180° + \alpha) = -\cos\alpha$
$\tan(180° + \alpha) = \tan\alpha$

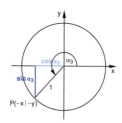

Im **4. Quadranten** gilt für
$\alpha_4 = 360° - \alpha$:
$\sin(360° - \alpha) = -\sin\alpha$
$\cos(360° - \alpha) = \cos\alpha$
$\tan(360° - \alpha) = -\tan\alpha$

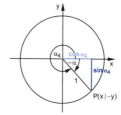

Werte für **Winkel größer 360°**:
Dreht man den Winkel über den
vollen Winkel weiter, so gilt für
$k \in \mathbb{Z}$:
$\sin(\alpha + k \cdot 360°) = \sin\alpha$
$\cos(\alpha + k \cdot 360°) = \cos\alpha$
$\tan(\alpha + k \cdot 180°) = \tan\alpha$

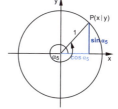

Winkel, deren Drehrichtung der
Uhrzeigersinn ist, werden als
negative Winkel bezeichnet. Für
sie gilt:
$\sin(-\alpha) = -\sin\alpha$
$\cos(-\alpha) = \cos\alpha$
$\tan(-\alpha) = -\tan\alpha$

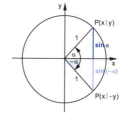

8.3 Polarkoordinaten

Neben den üblichen **kartesischen Koordinaten** eines Punktes P(x|y) gibt es dank der Winkelfunktionen eine weitere Darstellungsform.

> **Polarkoordinaten**
> Jeder Punkt P(x|y) des Koordinatensystems kann durch seinen Abstand r vom Koordinatenursprung und durch den Winkel α, den die Verbindung Punkt–Ursprung mit der positiven x-Achse bildet, angegeben werden.
>
>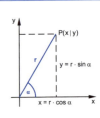
>
> Die Werte r und α heißen die **Polarkoordinaten** des Punktes P, d. h., es gilt: $P(x|y) = \mathbf{P(r|\alpha)}$.
>
> - Umrechnung von Polarkoordinaten in kartesische Koordinaten:
>
> $\mathbf{x = r \cdot \cos \alpha} \qquad \mathbf{y = r \cdot \sin \alpha}$
>
> - Umrechnung von kartesischen Koordinaten in Polarkoordinaten für P(x|y) im I. Quadranten:
>
> $\mathbf{r = \sqrt{x^2 + y^2}}$ und $\mathbf{\tan \alpha = \frac{y}{x}}$

Beispiel

1. Berechne die kartesischen Koordinaten des Punktes P(6|325°).

   Lösung:
   $x = r \cdot \cos \alpha = 6 \cdot \cos 325° = 4{,}91$
   $y = r \cdot \sin \alpha = 6 \cdot \sin 325° = -3{,}44$ $\Rightarrow$ P(4,91|–3,44)

2. Bestimme die Polarkoordinaten des Punktes P(–3|4).

   Lösung:
   $r = \sqrt{(-3)^2 + 4^2} = \sqrt{9 + 16} = \sqrt{25} = 5$
   $\tan \alpha = \frac{4}{-3} \Rightarrow -\tan \alpha = \tan(180° - \alpha) = \frac{4}{3}$
   $\Rightarrow 180° - \alpha \approx 53{,}13° \Rightarrow \alpha = 126{,}87° \Rightarrow$ P(5|126,87°)

8.4 sin, cos und tan im allgemeinen Dreieck

Mithilfe des Sinussatzes und des Kosinussatzes können die Winkelfunktionen Sinus und Kosinus auf allgemeine Dreiecke angewendet werden. Für die Herleitung der beiden Sätze nutzt man Seiten und zugehörige Höhen im allgemeinen Dreieck aus.

Die Teildreiecke ΔADC und ΔCDB sind rechtwinklig. Dort gilt:

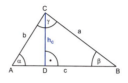

$\sin \alpha = \frac{h_c}{b} \;\;\Rightarrow\;\; h_c = b \sin \alpha$

$\sin \beta = \frac{h_c}{a} \;\;\Rightarrow\;\; h_c = a \sin \beta$

Unter Verwendung aller Dreieckshöhen ergibt sich daraus:

> **Sinussatz**
> In einem Dreieck verhalten sich die Längen zweier Seiten zueinander wie die Sinuswerte ihrer Gegenwinkel.
> $\frac{a}{b} = \frac{\sin \alpha}{\sin \beta}; \;\; \frac{a}{c} = \frac{\sin \alpha}{\sin \gamma}; \;\; \frac{b}{c} = \frac{\sin \beta}{\sin \gamma}$

Wegen $A_\Delta = \frac{1}{2} \cdot c \cdot h_c = \frac{1}{2} \cdot c \cdot b \cdot \sin \alpha = \frac{1}{2} \cdot b \cdot c \cdot \sin \alpha$ ergibt sich die

> **Formel für die Dreiecksfläche**
> Der Flächeninhalt eines jeden Dreiecks ist gleich dem halben Produkt aus den Längen zweier Seiten und dem Sinus des eingeschlossenen Winkels.
> $A = \frac{1}{2} bc \sin \alpha = \frac{1}{2} ac \sin \beta = \frac{1}{2} ab \sin \gamma$

Beispiel

Von einem Dreieck ABC sind die Seite c = 5 cm sowie die Winkel $\alpha = 35°$ und $\beta = 70°$ gegeben.
Bestimme den Winkel γ, die Seiten a und b sowie die Fläche des Dreiecks.

Lösung:
Die konstruktive Lösung ist nach dem
WSW-Satz eindeutig, also auch die
rechnerische.
Man berechnet (siehe Skizze):
$\gamma = 180° - (\alpha + \beta) = 180° - 105° = 75°$

$\frac{a}{c} = \frac{\sin\alpha}{\sin\gamma} \Rightarrow a = c \cdot \frac{\sin\alpha}{\sin\gamma} = 5\text{ cm} \cdot \frac{\sin 35°}{\sin 75°} \approx 2{,}97 \text{ cm}$

$\frac{b}{c} = \frac{\sin\beta}{\sin\gamma} \Rightarrow b = c \cdot \frac{\sin\beta}{\sin\gamma} = 5\text{ cm} \cdot \frac{\sin 70°}{\sin 75°} \approx 4{,}86 \text{ cm}$

$A_\Delta = \frac{1}{2} ac \sin\beta \approx \frac{1}{2} \cdot 2{,}97 \text{ cm} \cdot 5 \text{ cm} \cdot \sin 70° \approx 6{,}98 \text{ cm}^2$

Für die **Herleitung des Kosinussatzes** benutzt man die bereits
bekannte Rechtwinkligkeit der beiden Teildreiecke ΔADC und
ΔCDB. Unterteilt man die Seitenlänge c in
die beiden Teilstrecken c_1 und c_2, so gilt mit
$h_c = b \sin\alpha$, $c_1 = b \cos\alpha$ und $c_2 = c - c_1$:

$a^2 = h_c^2 + c_2^2$
$a^2 = b^2 \sin^2\alpha + c^2 - 2bc \cos\alpha + b^2 \cos^2\alpha$
$ = b^2 (\sin^2\alpha + \cos^2\alpha) + c^2 - 2bc \cos\alpha$
$ = b^2 + c^2 - 2bc \cos\alpha$

Entsprechende Gleichungen erhält man, wenn man die anderen
Dreieckshöhen verwendet. Man erhält für jedes Dreieck ABC:

Kosinussatz

$a^2 = b^2 + c^2 - 2bc \cos\alpha$
$b^2 = a^2 + c^2 - 2ac \cos\beta$
$c^2 = a^2 + b^2 - 2ab \cos\gamma$

Der Kosinussatz heißt **verallgemeinerter Satz des Pythagoras**,
weil sich z. B. für $\gamma = 90°$ der Satz des Pythagoras in der Form
$c^2 = a^2 + b^2$ ergibt.

Von einem Dreieck ABC sind die drei Seiten a = 6 cm, b = 5 cm **Beispiel**
und c = 7 cm gegeben.
Berechne α.

Lösung:
Kosinussatz:
$$a^2 = b^2 + c^2 - 2bc \cos\alpha$$
$$2bc \cos\alpha = b^2 + c^2 - a^2$$
$$\cos\alpha = \frac{b^2 + c^2 - a^2}{2bc}$$
$$\cos\alpha = \frac{25 + 49 - 36}{70}$$
$$\alpha \approx 57{,}12°$$

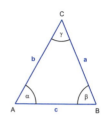

8.5 sin und cos als Funktion

Um die Graphen der Sinus- und der Kosinusfunktion zeichnen zu können, benötigt man für die x-Achse eine besondere Skalierung, das Bogenmaß. Die Winkelwerte werden nämlich nicht in Grad (Gradmaß) auf der x-Achse abgetragen, sondern vorher ins Bogenmaß umgerechnet.

Für einen Winkel φ ist das Verhältnis zwischen Bogenlänge und Radius konstant, d. h., es gilt, dass

$$\frac{b_1}{r_1} = \frac{b_2}{r_2} = \frac{b_3}{r_3} = \frac{\varphi}{180°} \cdot \pi$$

eine konstante Zahl ist, die nur noch vom Winkel φ abhängt.
Diese Zahl heißt das **Bogenmaß**
$x = \frac{\varphi}{180°} \cdot \pi$.

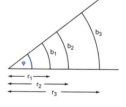

Vervollständige die folgende Tabelle durch die Angabe des **Beispiel**
Bogenmaßes x des Winkels φ als Bruchteil von π.

φ	0°	30°	45°	60°	90°	120°	135°	150°	180°	270°	360°

Lösung:

φ	0°	30°	45°	60°	90°	120°	135°	150°	180°	270°	360°
x	0	$\frac{\pi}{6}$	$\frac{\pi}{4}$	$\frac{\pi}{3}$	$\frac{\pi}{2}$	$\frac{2\pi}{3}$	$\frac{3\pi}{4}$	$\frac{5\pi}{6}$	π	$\frac{3}{2}\pi$	2π

Nun können Sinus und Kosinus als Funktionen definiert werden:

Sinus- und Kosinusfunktion
Die **Sinusfunktion** hat die Zuordnungsvorschrift $x \mapsto \sin x$ und besitzt den folgenden Graphen:

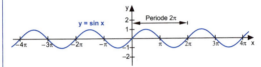

Die **Kosinusfunktion** hat die Zuordnungsvorschrift $x \mapsto \cos x$ und besitzt den folgenden Graphen:

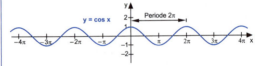

Eigenschaften:
- Beide Funktionen nehmen nur Werte zwischen −1 und 1 an.
- Beide Funktionen sind **periodisch**, d. h., der Verlauf beider Graphen wiederholt sich alle 2π. Man spricht von der Periode 2π.
- Die Nullstellen beider Funktionen wiederholen sich auch periodisch:
  − Jedes Vielfache von π ist eine Nullstelle der Sinusfunktion: z. B. $-2\pi, -\pi, 0, \pi, 2\pi$
  − Die Nullstellen des Kosinus treten auch im Abstand von π auf, sind aber um $\frac{1}{2}\pi$ zur Sinusfunktion versetzt:
    z. B. $-\frac{3}{2}\pi, -\frac{1}{2}\pi, \frac{1}{2}\pi, \frac{3}{2}\pi$

- Der Graph der Sinusfunktion ist punktsymmetrisch zum Ursprung.
- Der Graph der Kosinusfunktion ist achsensymmetrisch zur y-Achse.

Verschiedene Parameter können auf den Verlauf der Winkelfunktionen Einfluss nehmen.

Einfluss von Parametern auf die Graphen von Sinus und Kosinus

- $x \mapsto a \cdot \sin x$ bzw. $x \mapsto a \cdot \cos x$
  Alle Werte der Sinus- bzw. der Kosinusfunktion werden mit dem Faktor a multipliziert. Die Funktionen sind in y-Richtung für $|a| > 1$ gestreckt bzw. für $|a| < 1$ gestaucht. Für $a < 0$ werden die Funktionen zudem an der x-Achse gespiegelt.
- $x \mapsto \sin bx$ bzw. $x \mapsto \cos bx$
  Alle x-Werte der Sinus- bzw. Kosinusfunktion werden mit dem Faktor b multipliziert, d. h., die neue Periode ist $\frac{2\pi}{b}$. Die Funktionen sind für $b > 1$ gestaucht, für $0 < b < 1$ gestreckt. Bei negativem b verwendet man $\sin(-bx) = -\sin bx$ bzw. $\cos(-bx) = \cos bx$.
- $x \mapsto \sin x + c$ bzw. $x \mapsto \cos x + c$
  Alle y-Werte ändern sich um den Summanden c. Die Sinus- bzw. Kosinusfunktionen werden um c in y-Richtung verschoben.
  $c > 0$: Verschiebung nach oben
  $c < 0$: Verschiebung nach unten
- $x \mapsto \sin(x + d)$ bzw. $x \mapsto \cos(x + d)$
  Um aus $x + d$ den ursprünglichen x-Wert zu erhalten, muss $-d$ addiert werden, d. h., die Sinus- bzw. Kosinusfunktionen sind um $-d$ in x-Richtung verschoben.

Die Graphen der Funktionen können gleichzeitig verschoben und gestaucht bzw. gestreckt sein.

Beispiel Zeichne die Graphen der Funktionen.
a) $y = \sin x$; $y = 2\sin x$; $y = -0{,}5\sin x$
b) $y = \cos x$; $y = \cos(x-1)$; $y = \cos\left(x + \frac{1}{2}\right)$

Lösung:
a)
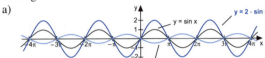

b)
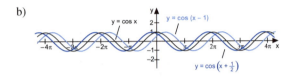

Den Graphen einer Funktion kann man auch durch **Überlagerung** von Funktionsgraphen zeichnen.

Beispiel Zeichne den Graphen der Funktion $y = f(x) = \sin x + \cos x$ durch Überlagerung der Funktionen.

Lösung:
Man überlagert zwei Funktionsgraphen, indem man an jeder Stelle x die zugehörigen y-Werte addiert.

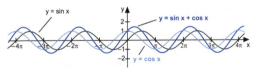

Stichwortverzeichnis

Abbildungsvorschrift
- der Achsenspiegelung 101, 102
- der Punktspiegelung 104

abgeschlossenes Intervall 5
abhängige Variable 50
Abrunden 26
Abschätzen 26
absoluter Betrag 10
Abstand 105
Abszissenachse 98
Achsenabschnitt 53
Achsenpunkte 102
Achsenschnittpunkte 56
Achsenspiegelung 101, 102
Achsensymmetrie 101
achsensymmetrische Figuren 101
Addition
- Definition 6
- Rechengesetze 6
- von Brüchen 15
- von Dezimalbrüchen 18

Additionsverfahren 40
ähnliche Dreiecke 125
ähnliche Figuren 124
Ähnlichkeitsmerkmale 124
Ähnlichkeitssätze für Dreiecke 125
allgemeingültig 37
Anfangswert 71, 72
Ankathete 142
äquivalente Terme 32
Äquivalenzumformung
- bei Gleichungen 37
- bei Termen 31
- bei Ungleichungen 38

arithmetisches Mittel 87
Assoziativgesetz
- der Addition 6
- der Multiplikation 8

Asymptote
- senkrechte 59
- waagrechte 59

Auflösen von Klammern 33
Aufrunden 26
Aufspalten in Linearfaktoren 46
Ausklammern 34
Außenwinkel 100
Außenwinkelsumme 100

Basis
- einer Potenz 21
- eines gleichschenkligen Dreiecks 109

Basisumrechnung 48
Basiswinkel 109
Baumdiagramm 90
bedingte Wahrscheinlichkeit 94
Berührpunkt 116
besondere Linien im Dreieck 111
Betrag
- Definition 10
- geometrische Bedeutung 10

Betragsfunktion 58
Betragsgleichung 44
Bildpunkt 101
Binom 34
binomische Formeln 34
Bogenmaß 149
Bruch
- Addition und Subtraktion 15
- Division 16
- echter 13
- Erweitern 14
- Kürzen 14
- Multiplikation 15
- unechter 13
- Vergleich 14

Bruchgleichung 42
Bruchzahlen 4, 13

Stichwortverzeichnis

deckungsgleich 107
Definitionslücke 59
Definitionsmenge
- einer Funktion 50
- einer Gleichung 42

Dezimalbruch
- Addition und Subtraktion 18
- Division 18
- endlicher 4, 16, 17
- gemischt periodischer 17
- Multiplikation 18
- nicht periodischer 17
- periodischer 4
- reinperiodischer 17
- unendlicher 17

Dezimaldarstellung 3
Dezimalsystem 3
Dezimalzahl 4
Diagonale 113
Differenz 7
direkte Proportionalität 51
Diskriminante 45
Distributivgesetz 10
Dividend 8
Division
- Definition 8
- Rechengesetze 8
- von Brüchen 16
- von Dezimalbrüchen 18
- von Wurzeln 24

Divisor 8
Doppelbruch 16
Drachenviereck 113
Dreieck
- allgemeines 98
- Eigenschaften 111
- gleichschenkliges 109
- gleichseitiges 109
- rechtwinkliges 110

Dreieckskonstruktion 112
Dreiecksungleichung 108
Dreisatz 52
Durchmesser 116
Durchschnittswert 87

Einheitskreis 144
Einsetzungsverfahren 40
endlicher Dezimalbruch 4, 16, 17
Ergebnis 83
Ergebnismenge 83
Ereignis
- Definition 84
- Elementar- 84
- Gegen- 84
- sicheres 84
- unmögliches 84

Ereignismenge 84
Ereignisse, Verknüpfen von 84
Erweitern 14
Erweiterungsfaktor 35
Euler'sche Zahl 48
Exponent 21
Exponentialfunktion 68
Exponentialgleichung 48
exponentielle Abnahme 72
exponentielles Wachstum 72
exponentielle Zunahme 72
Extremwertaufgabe 67

Faktor 7
Faktorisieren 34
Faktorzerlegung 35
Fakultät 92
Fixgerade 102, 104
Fixpunkt 102, 104
Flächeninhalt
- beliebiger Vielecke 122
- eines Drachenvierecks 120
- eines Dreiecks 119, 147
- eines Kreises 121
- eines Kreissektors 121
- eines Parallelogramms 118
- eines Quadrats 118
- einer Raute 120
- eines Rechtecks 118
- eines Trapezes 120

Flüssigkeitsmaß 28
Form einer Parabel 66
Funktion
- Definition 50

- des absoluten Betrags 58
- Exponential- 68
- ganzrationale 76
- gebrochen-rationale 59
- Kosinus- 150
- lineare 53
- Potenz- 75
- quadratische 61
- Sinus- 150

Funktionsgleichung 50
Funktionsterm 50
Funktionswert 50

ganze Zahlen 4
ganzrationale Funktion 76
gebrochen-rationale Funktion 59
Gegenkathete 142
Gegenzahl 4
Geldmaß 28
gemeiner Bruch 4, 13
gemischte Zahl 13
Gerade 53, 97
Geradenbüschel 55
Geradenformel 55
Geradenkreuzung 99
gerade Pyramide 136
gerader Kreiskegel 138
gerader Kreiszylinder 134
gerades Prisma 132
Gesetz der großen Zahlen 88
Gewicht 27
ggT 12
gleichnamige Brüche 14
gleichschenkliges Dreieck 109
gleichseitiges Dreieck 109
Gleichsetzungsverfahren 39
Gleichung
- Definition 36
- Exponential- 48
- lineare 39
- mit absolutem Betrag 44
- quadratische 45
- Wurzel- 44

Gleichungssystem,
  Lösungsverfahren 39, 40

Grad 99
Grad eines Polynoms 76
grafische Lösung eines
  Gleichungssystems 57
Graph einer Funktion 50
Größen 27
größter gemeinsamer Teiler 12
Großkreis 140
Grundmenge 32
Grundwert 19
Grundzahl 21

Häufigkeit
- absolute 85
- relative 85

Halbgerade 51, 97
halboffenes Intervall 5
Halbwertszeit 73
Hauptnenner 14, 35
Hochzahl 21
Höhe
- eines Dreiecks 109
- eines Kreiskegels 138
- eines Kreiszylinders 134
- eines Parallelogramms 118
- eines Prismas 133
- einer Pyramide 136

Höhensatz 126
Hohlraummaß 28
Hyperbel 52
Hypotenuse 110, 142
Hypotenusenabschnitt 126

indirekte Proportionalität 52
Inkreis 111
Innenwinkel 100
Innenwinkelsumme
- eines Dreiecks 100
- eines n-Ecks 100
- eines Vierecks 100

Intervall
- abgeschlossenes 5
- halboffenes 5
- offenes 5
- unendliches 5

Intervallschachtelung 25
inverses Element
- bei der Addition 7
- bei der Multiplikation 8

irrationale Zahl 5, 25

Kapital 20
kartesisches Koordinatensystem 98
Kathete 110
Kathetensatz 127
Kegel 138
Kehrbruch 13
kgV 12
Klammerregel 9
Kleinkreis 140
kleinstes gemeinsames Vielfaches 12
Kommaschreibweise 27
Kommutativgesetz
- der Addition 6
- der Multiplikation 8

kongruente Dreiecke 107
Kongruenzsätze 107
Kongruenz von Figuren 107
Konstante 52
Konstruktion
- achsensymmetrischer Punkte 102
- des Bildpunkts 102
- des Lotes 106
- der Mittelsenkrechten 106
- der Symmetrieachse 103
- des Symmetriezentrums 105
- der Winkelhalbierenden 107
- eindeutige 108
- punktsymmetrischer Punkte 104
- von Dreiecken 112
- von Kreistangenten 117
- von Vierecken 114

Konstruktionsplan 112
Koordinaten 50, 98
Koordinatensystem 98
Kosinus 142

Kosinusfunktion 150
Kosinussatz 148
Kreis 116
Kreisbogen 121
Kreisdiagramm 86
Kreisfläche 121
Kreiskegel 138
Kreistangente 116
Kreisumfang 121
Kreiszahl π 121
Kreiszylinder, gerader 134
Kürzen 14
Kugel 140

Länge
- eines Kreisbogens 121
- einer Strecke 97

Längeneinheit 27
Laplace-
- Experiment 89
- Wahrscheinlichkeit 89

leere Menge 36
lineare Abnahme 71
lineare Funktion 53
lineare Gleichung 39
lineares Gleichungssystem 39
lineare Ungleichung 39
lineares Wachstum 71
lineare Zunahme 71
Linearfaktoren, Aufspaltung in 46
Logarithmus
- natürlicher 48
- Umrechnungsformel 48
- Zehner- 48
- Zweier- 48

Lösungsformel für quadratische Gleichungen 45
Lösungsmenge 36
Lösung von
- (Un-)Gleichungen 39
- Gleichungssystemen 39–42

Lot 105
Lotfußpunkt 105

Mächtigkeit der
Ergebnismenge 83
Mantelfläche
- eines Kreiskegels 139
- eines Kreiszylinders 135
- eines Prismas 133
- einer Pyramide 137
Mantellinie 134, 138
Masse 27
Maßzahl 27
Maximum 68
Messen 29
Minimum 68
Minuend 7
Mittel, arithmetisches 87
Mittelpunkt 116
Mittelsenkrechte 105
Monotonie 69
Multiplikand 7
Multiplikation
- Definition 7
- Rechengesetze 8
- von Brüchen 15
- von Dezimalbrüchen 18
- von Termen 33
- von Wurzeln 24
Multiplikator 7

Nachbarwinkel 99
Näherungswert 26
natürliche Exponenten 21
natürlicher Logarithmus 48
natürliche Zahlen 3
Nebenwinkel 99
n-Eck 98
negative Exponenten 21
negative Zahlen 4
Nenner 13
Netz
- Definition 129
- eines Kreiskegels 138
- eines Kreiszylinders 134
- eines Prismas 132
- einer Pyramide 136
- eines Quaders 130

- eines Würfels 130
neutrales Element
- bei der Addition 6
- bei der Multiplikation 8
Normalparabel 64
n-te Potenz 21
n-te Wurzel 23
Nullstelle 56, 78

Oberflächeninhalt
- eines Kreiskegels 139
- eines Kreiszylinders 135
- einer Kugel 140
- eines Prismas 133
- einer Pyramide 137
- eines Quaders 131
- eines Würfels 131
Oder-Verknüpfung 85
offenes Intervall 5
Öffnung einer Parabel 66
Ordinatenachse 98

Parabel 61
Parabel n-ter Ordnung 75
parallel 97
Parallele
- zur x-Achse 56
- zur y-Achse 56
parallele Geraden 54
Parallelenschar 54
Parallelogramm 113
Passante 116
Periode 150
periodischer Dezimalbruch 4
Pfadregel
- erste 92
- zweite 92
pi (π) 121
Planfigur 112
Platzhalter 31
Polarkoordinaten 146
Polstelle 59
Polynom 76
Polynomdivision 77
Potenz 21

Potenzfunktion 75
Potenzgesetze 22
Potenzieren 21
Potenzrechnung 22
Potenzschreibweise 21
Primfaktordarstellung 12
Primfaktorzerlegung 12
Primzahl 12
Prisma 132
Probe 37
Problemlösen mit quadratischer Gleichung 67, 68
Produkt 7
produktgleich 52
Promille 19
Proportionalität
- direkte 51
- indirekte 52

Proportionalitätsfaktor 51
Prozent 19
Prozentsatz 19
Prozentwert 19
Punktkoordinaten 98
Punktspiegelung 104
Punktsymmetrie 103
punktsymmetrische Figuren 103
Punkt vor Strich 9
Pyramide 136
Pythagoras
- Satz des 128
- Satzgruppe des 126

Quader 129
Quadrant 98
Quadrat 114
quadratische Ergänzung 47
quadratische Funktion 61
quadratische Gleichung 45
quadratische Optimierung 67
Quadratwurzel 23
Quadratzahl 23
Quotient 8
quotientengleich 52

Radius 116
Radizieren 24
rationale Exponenten 21
rationale Zahlen 4
Rationalmachen des Nenners 24
Rauminhalt (siehe Volumen)
Raute 113
Rechenausdruck (Term) 31
Rechengesetze
- für die Addition 6
- für die Multiplikation 8
- für Potenzen 22
- für Wurzeln 24

Rechnen
- mit Brüchen 15ff
- mit Dezimalbrüchen 18ff
- mit Logarithmen 49
- mit Näherungswerten 26
- mit Potenzen 22
- mit Variablen 31ff
- mit Wurzeln 24

Rechteck 114
rechtwinkliges Dreieck 110
rechtwinkliges Koordinatensystem 98
reelle Zahlen 5
Runden 26

Sachaufgaben 30
Satz
- des Pythagoras 128
- -gruppe des Pythagoras 126
- Verallgemeinerung des Satzes des Pythagoras 148
- von Thales 110
- von Vieta 46

Säulendiagramm 86
Schätzen 26
Scheitel
- einer Parabel 62
- eines Winkels 97

Scheitelform 62
Scheitelwinkel 99
Schenkel 109
Schlussrechnung 52

Schnittpunkt 57, 60, 63, 76
Schnittpunkte mit den
  Koordinatenachsen 56, 76
Schrägbild
• Definition 129
• eines Kreiskegels 138
• eines Kreiszylinders 134
• eines Prismas 132
• einer Pyramide 136
• eines Quaders 129
• eines Würfels 129
Schwerpunkt 111
Seitenhalbierende 111
Sekante 116
senkrecht 97
senkrechte Asymptote 59
Sinus 142
Sinusfunktion 150
Sinussatz 147
Spitze einer Betragsfunktion 58
Stabdiagramm 86
Stammbruch 13
Steigung 53
Steigungsdreieck 53
Stellenwertsystem 3
Strahlensatz 123
Strecke 97
streng monoton 69
Strichrechnung 9
Stufenwinkel 99
Subtrahend 7
Subtraktion
• Definition 7
• Rechengesetze 7
• von Brüchen 15
• von Dezimalbrüchen 18
Summand 6
Summe 6
Symmetrie 101
Symmetrieachse 101

Tangens 142
Tangente 116
Teilbarkeit 11
Teilbarkeitsregeln 11, 12

Teilen 29
Teiler 11
teilerfremd 13
teilweises Wurzelziehen 24
Term 31
Termumformung 31
Termwert 32
Textaufgabe 30
Thaleskreis 110
Trapez 113

Überschlagen 26
Umfang
• eines Dreiecks 119
• eines Kreises 121
• eines Parallelogramms 118
• eines Quadrats 118
• eines Rechtecks 118
• eines Trapezes 120
Umkehrung
• der Addition 7
• des Größer-Kleiner-Zeichens 39
• der Multiplikation 8
Umkreis 111
Umkreismittelpunkt 111
Umlaufsinn 101, 104
Umrechnung der Logarithmen 48
Umwandlung
• Bruch in Dezimalbruch 17
• Dezimalbruch in Bruch 17
unabhängige Variable 50
Und-Verknüpfung 85
unechter Bruch 13
unendlicher Dezimalbruch 17
unendliches Intervall 5
Ungleichung
• Definition 36
• lineare 39
unlösbar 36
unvereinbar 85
Urliste 86
Ursprung 54, 98
Ursprungsgerade 54

Variable
- abhängige 50
- Definition 31
- unabhängige 50

verallgemeinerter Satz des Pythagoras 148

Verbindung der vier Grundrechenarten 9, 16, 19

Vereinfachung von
- Produkten 33
- Summen 33

Verknüpfungen 6

vertikal (siehe senkrecht)

Viereck
- achsensymmetrisches 113
- allgemeines 98
- lotsymmetrisches 113
- punktsymmetrisches 113

Viereckskonstruktion 114

Vierfeldertafel 85

Vieta, Satz von 46

Volumen
- eines Kreiskegels 139
- eines Kreiszylinders 135
- einer Kugel 140
- eines Prismas 133
- einer Pyramide 137
- eines Quaders 131
- eines Würfels 131

Vorzeichenregel 9

Vorzeichenwechsel bei Nullstellen 79

waagrechte Asymptote 59

Wachstum
- exponentielles 72
- lineares 71

Wachstumsfaktor 72

Wahrscheinlichkeit
- Definition 88
- Eigenschaften 88

Wechselwinkel 99

Wert eines Terms 32

Wertemenge 50

Wertetabelle 50, 59

Winkel
- an einer Geradenkreuzung 99
- Definition 97
- in n-Ecken 100
- gestreckter 99
- rechter 99
- spitzer 99
- stumpfer 99
- überstumpfer 99
- Voll- 99

Winkelberechnungen
- im allgemeinen Dreieck 147
- im rechtwinkligen Dreieck 142

Winkelfunktionen 142

Winkelfunktionen für Werte über 90° 144, 145

Winkelgesetze
- an parallelen Geraden 99
- im n-Eck 100

Winkelgröße 99

Winkelhalbierende 106

Winkelminute 99

Winkelsekunde 99

Würfel 129

Wurzel
- Definition 23
- Rechengesetze 24

Wurzelgleichung 44

x-Achse 98

y-Achse 98
y-Achsenabschnitt 53

Zahlen
- ganze 4
- gemischte 13
- irrationale 5
- natürliche 3
- negative 4
- positive 3
- rationale 4
- reelle 5

Zahlengerade 4

Zahlenmengen 3

Zahlenstrahl 3
Zähler 13
Zählprinzip 91
Zehnerbruch 13
Zehnerlogarithmus 48
Zehnersystem 3
Zeitmaße 29
Zentrum 103
Zerlegung einer Summe in
 Faktoren 34
Ziffer 3

Zins 20
Zinsformel 20
Zinsrechnung 20
Zinssatz 20
Zufallsexperiment 83
Zuordnungsvorschrift 50
zusammengesetztes Zufalls-
 experiment 90
Zuwachs 70
Zweierlogarithmus 48
Zylinder 134

Ihre Meinung ist uns wichtig!

Ihre Anregungen sind uns immer willkommen. Bitte informieren Sie uns mit diesem Schein über Ihre Verbesserungsvorschläge!

Titel-Nr.	Seite	Vorschlag

Bitte hier abtrennen

Lernen • Wissen • Zukunft
STARK

20-V1M

Bitte ausfüllen und im frankierten Umschlag an uns einsenden. Für Fensterkuverts geeignet.

Zutreffendes bitte ankreuzen! Die Absenderin/der Absender ist:

- ☐ Lehrer/in in den Klassenstufen: _____
- ☐ Fachbetreuer/in
- ☐ Fächer: _____
- ☐ Seminarlehrer/in
- ☐ Fächer: _____
- ☐ Regierungsfachberater/in
- ☐ Fächer: _____
- ☐ Oberstufenbetreuer/in
- ☐ Schulleiter/in

- ☐ Referendar/in, Termin 2. Staatsexamen: _____
- ☐ Leiter/in Lehrerbibliothek
- ☐ Leiter/in Schülerbibliothek
- ☐ Sekretariat
- ☐ Eltern
- ☐ Schüler/in, Klasse: _____
- ☐ Sonstiges: _____

**STARK Verlag
Postfach 1852
85318 Freising**

Kennen Sie Ihre Kundennummer? Bitte hier eintragen.

Absender (Bitte in Druckbuchstaben)

Name/Vorname

Straße/Nr.

PLZ/Ort/Ortsteil

Telefon privat   Geburtsjahr

E-Mail

Schule/Schulstempel (Bitte immer angeben!)

Unterrichtsfächer: (Bei Lehrkräften!)

Bitte hier abtrennen